lonely planet

SINGAPOUR

EN QUELQUES JOURS

RIA DE JONG

Sommaire

Préparer son séjour

Danseur au défilé de Chingay (p. 24)

Explorer Singapour 33

Vaut le détour

Carnet pratique 177

Coups de projecteur

Bienvenue à Singapour

Chic et plutôt sexy, Singapour attire les regards en Asie du Sud-Est. Elle bouleverse les stéréotypes par une architecture ambitieuse, des musées dynamiques, des restaurants de grands chefs et des boutiques branchées. Ajoutez à cela des temples enfumés, une appétissante cuisine de rue et des poches de jungle humide, et vous comprendrez que la cité-État est une perle des plus intrigantes !

Marina Bay (p. 35)

Les incontournables

SAIKO3P/SHUTTERSTOCK ©

Asian Civilisations Museum

Une magnifique collection de trésors panasiatiques. p. 36

FUTAMIN/SHUTTERSTOCK ©

Gardens by the Bay

Les jardins futuristes high-tech de Singapour. **p. 38**

National Gallery Singapore

Les plus grandes collections d'art du Sud-Est asiatique. **p. 40**

SUHAIMI ABDULLAH/GETTY IMAGES ©

Singapore Zoo

Un paradis tropical de classe mondiale. **p. 120**

VOLODYMYR GOINYK/HUTTERSTOCK ©

Night Safari

Une aventure nocturne palpitante. **p. 122**

Singapore Botanic Gardens

Des jardins saisissants. **p. 126**

À GAUCHE : WILDLIFE RESERVES SINGAPORE © ; À DROITE : JUSTHAVEALOOK/GETTY © IMAGES ©

Chinatown Heritage Centre
Une plongée dans l'histoire. **p. 62**

Universal Studios
Plus grand parc d'attractions de Singapour, très fréquenté. **p. 152**

Southern Ridges
Une randonnée pittoresque dans la jungle. **p. 140**

Se restaurer

Animant souvent les conversations et faisant l'objet de publications fiévreuses sur le Web, la makan *(nourriture) est toujours à l'esprit des Singapouriens. Gastronomie avant-gardiste, spécialités alléchantes des* hawker centres*... La diversité culturelle de cette ville a engendré un paysage culinaire d'une variété rare, et il y en a pour tous les budgets !*

Cuisine des *hawker centres*

En général, les *hawker centres* sont des structures autonomes en plein air (au moins ouvertes sur un côté), bruyantes, avec des rangées de stands proposant diverses cuisines asiatiques. Les *food courts*, souvent installés dans des *malls*, sont en résumé des *hawker centres* climatisés pratiquant des prix un peu plus élevés. Les cafés, aussi appelés *kopitiams*, ont souvent une devanture ouverte et peuvent comporter quelques stands.

Peu importe le lieu pour lequel vous optez, il ne reste qu'à vous lancer et à commander (p. 73) ! Une file d'attente est souvent gage de qualité.

Relève assurée

Si les anciens restaurateurs des *hawker centres* approchent de la retraite, une nouvelle génération innovante vient relever le défi d'une cuisine délicieuse à des prix dérisoires. *Ramen* japonais et cuisine de rue mexicaine enrichis d'une touche singapourienne, mets britanniques à l'ancienne, *kopi* (café) traditionnel savoureux préparé dans une chaussette... Tout y est !

Cuisine chic

À Singapour, les restaurants sont en plein essor, et le choix semble infini : aux adresses de chefs célèbres locaux ou internationaux, toujours plus nombreux, s'ajoutent des tables milieu de gamme modernes, servant des produits frais dans un cadre plus détendu. Les grands noms rassemblés autour d'Amoy St et Keong

EQROY/SHUTTERSTOCK ©

Saik Rd à Chinatown en ont fait des hauts lieux de la restauration.

Nouveaux *hawker centres*

Timbre+ *Hawker centre* nouvelle génération, avec *food trucks*, bières artisanales et concerts. (p. 146)

A Noodle Story *Ramen* à la sauce singapourienne à Chinatown. (p. 71)

Coffee Break Le *kopi* (café) singapourien se refait une jeunesse dans ce stand de Chinatown. (p. 65)

Hawker centres

Maxwell Food Centre L'un des *hawker centres* les plus adaptés aux touristes. (p. 72)

Chinatown Complex Complexe tapageur et très fréquenté. (p. 72)

Lau Pa Sat La magnifique structure en fer forgé vaut à elle seule le détour. (photo ; p. 74)

Takashimaya Food Village Dans Orchard Rd, une merveille culinaire asiatique – au sous-sol. (p. 114)

Ya Kun Kaya Toast Cette institution sert les meilleurs toasts à l'œuf et à la *kaya* (confiture de coco). (p. 74)

Fusion et occidental

Neon Pigeon Assiettes à partager en mode *izakaya* sur Keong Saik. (p. 73)

Super Loco Customs House Cuisine de rue mexicaine avec vue imbattable sur le Marina Bay Sands. (p. 52)

Butcher Boy Créations d'influence asiatique renversantes pour les amateurs de viande. (p. 72)

Chefs célèbres

National Kitchen by Violet Oon Classiques peranakans éprouvés par une cuisinière légendaire à Singapour. (p. 51)

Odette Cuisine moderne de l'hexagone par la vedette française Julien Royer. (p. 51)

Iggy's Table la plus alléchante d'Orchard Rd, avec aux commandes Aitor Jeronimo Orive. (p. 111)

Burnt Ends L'Australien Dave Pynt sert de remarquables viandes grillées. (p. 71)

Waku Ghin Plats japonais raffinés par le très acclamé Tetsuya Wakuda. (p. 52)

Prendre un verre et faire la fête

Bars à cocktails discrets, stands de bière de luxe, artisans torréfacteurs... Singapour peut se targuer d'adresses exceptionnelles. La ville n'a pas à rougir côté vie nocturne non plus, avec de nouvelles discothèques futuristes dans les nuages ou en sous-sol comme dans les rues de Tokyo, et un refuge pour la techno à Boat Quay.

Siroter à prix réduit

Avec des bières entre 10 et 18 $S et des cocktails entre 20 et 30 $S, prendre un verre à Singapour revient très cher. Cela dit, nombre de bars proposent des happy hours honorables, généralement de 17h à 20h. Et si vous n'avez rien contre les tables en plastique, vous pouvez toujours siroter une Tiger à 6 $S au *hawker centre* du coin.

Les traditions des *kopi*

Tandis que les Singapouriens branchés se passionnent pour l'origine unique des grains et les siphons à café, les *kopitiam* (cafés) à l'ancienne restent les garants de la tradition. Avant toute chose, mieux vaut vous familiariser avec leur jargon. *Kopi* désigne un café avec du lait concentré, *kopi-o* un café noir sucré et *kopi-c* un café sucré au lait concentré. Pour vous rafraîchir, prenez un *kopi-peng* (café glacé). Remplacez le mot *kopi* par *teh*, et vous obtiendrez la même chose avec du thé. Un thé local intéressant est le *teh tarik* – littéralement "thé tiré", un thé indien sucré et épicé.

Bars à vins

Ginett Lieu effervescent servant peut-être le vin français au verre le moins cher de Singapour. (p. 101)

Que Pasa Élégant petit bar à vins à l'atmosphère ibère dans l'historique Emerald Hill Rd. (p. 116)

Cocktails

Tippling Club Avec ses breuvages novateurs, cet établissement met la barre très haut. (photo ; p. 77)

28 HongKong Street Mixologues passionnés faisant des merveilles à base de grog. (p. 54)

Native Ingrédients surprenants et idées

BOAZ ROTTEM/ALAMY ©

brillantes sur Amoy St, rue branchée. (p. 76)

Manhattan Ce poids lourd d'Orchard Rd donne un second souffle à des cocktails oubliés. (p. 115)

Discothèques

Zouk Un classique à plusieurs salles, à l'ouest de Robertson Quay. (p. 54)

Headquarters by the Council Techno et house dans une *shophouse* de Boat Quay. (p. 56)

Taboo Apollons et soirées à thème dans un club gay incontournable à Singapour. (p. 78)

Bière

Level 33 Brasserie artisanale la plus élevée au monde et vue sur Marina Bay en contrebas. (p. 56)

Smith Street Taps Une sélection d'excellentes bières internationales, dans un *hawker centre* de Chinatown. (p. 78)

Druggists Vingt trois pressions pour connaisseurs dans le secteur branché de Jalan Besar. (p. 98)

Café

Chye Seng Huat Hardware Expresso et café filtre d'exception, torréfaction sur place et ateliers de fabrication. (p. 98)

Nylon Coffee Roasters Humble, mais excellent bar à expressos et torréfacteur à Everton Park. (p. 76)

Coffee Break Stand de *hawker centre* mêlant *kopi* singapourien et parfums tendance. (p. 65)

Le Singapore Sling

Certes, son goût rappelle le sirop pour la toux, mais on ne peut pas nier la notoriété de la boisson vedette de Singapour. Le Singapore Sling fut créé en 1915 par Ngiam Tong Boon, barman au Raffles Hotel (p. 47). La recette, autrefois tenue secrète, est connue depuis longtemps, et de nombreux bars de la ville en proposent leur version (souvent moins imbuvable que l'original).

Shopping

Singapour arrive peut-être derrière Bangkok et Hongkong pour les bonnes affaires, mais peu de villes présentent autant de choix. Outre les malls, vous trouverez aussi bien des boutiques locales choisies et des vendeurs de cartes vintage que des galeries contemporaines pour connaisseurs.

Feuille de route

Reine des centres commerciaux, Orchard Rd est la principale artère commerciale de Singapour, mais elle n'est pas la seule. Le *mall* Sim Lim Square est spécialisé dans l'électronique. Les antiquités sont le domaine du Tanglin Shopping Centre, de Dempsey Hill et de Chinatown. Vous dénicherez étoffes et tissus à Little India et à Kampong Glam, un quartier également célèbre pour ses parfumeries et les boutiques indépendantes installées dans Haji Lane. Pour les marques de mode en devenir, les objets design et les livres d'art, explorez Tiong Bahru.

Bonnes affaires

Singapour n'est plus le paradis de l'électronique, mais on peut y faire des économies. Étudiez le prix des articles avant de vous lancer. Demandez aux vendeurs s'ils peuvent agrémenter la transaction d'un petit geste – ils devraient au moins vous offrir un étui d'appareil photo ou une carte mémoire. Sim Lim Square est réputé pour son choix et ses prix négociables, mais aussi pour sa rouerie à l'égard des novices, voire pour son matériel pas si "neuf". Identifiez les commerces à éviter sur Internet. Ordinateurs et appareils photo offrent les meilleures affaires, avec des réductions allant jusqu'à 20% par rapport aux grandes enseignes.

Design

Supermama Articles modernes d'inspiration singapourienne. (p. 103)

SAM'S STUDIO/SHUTTERSTOCK ©

Bynd Artisan Journaux intimes, accessoires de voyage en cuir et bijoux faits main. (p. 135)

Technologie

Sim Lim Square Ordinateurs portables et appareils photo dans le plus grand *mall* high-tech de Singapour. (p. 104)

Mustafa Centre Pléthore de gadgets électroniques 24h/24. (p. 103)

Souvenirs

Raffles Hotel Gift Shop Reproductions vintage, thés et livres. (p. 58)

Antiques of the Orient Magnifiques cartes anciennes, gravures et photos de Singapour et de la région. (p. 117)

National Gallery Singapore Souvenirs design de bon goût, dont quelques pièces de commande, dans la boutique du musée. (p. 40)

Malls de luxe

ION Orchard Mall Boutiques de premier ordre dans ce *mall* imposant. (p. 117)

Shoppes at Marina Bay Sands Le luxe au bord de l'eau et la première boutique Louis Vuitton flottante au monde. (photo ; p. 58)

Paragon Des marques prisées et un étage dédié aux enfants au cœur d'Orchard Rd. (p. 117)

Malls de catégorie moyenne

ION Orchard Mall Les premiers étages de l'ION sont dédiés aux vêtements et aux accessoires de milieu de gamme (p. 117)

VivoCity Quantité de marques abordables dans cet immense *mall*, en face de Sentosa. (p. 149)

Antiquités et œuvres d'art

Tanglin Shopping Centre Antiquités de qualité dans un *mall* proche d'Orchard Rd. (p. 117)

Shang Antique Articles d'inspiration religieuse et babioles asiatiques vintage à Colonial District. (p. 59)

Avec des enfants

Sûre et bien sous tous rapports, Singapour ferait une baby-sitter hors pair. Entre les galeries interactives dans les musées et une île aux nombreux parcs d'attractions, on ne regrette pas d'être parti avec ses enfants. Les hôtels fournissent des berceaux, les cafés possèdent des chaises hautes et les malls récents disposent de pièces pour nourrir et changer les nourrissons. Singapour est idéale pour les familles.

Sentosa : l'île récréative

Les attractions pour enfants sont disséminées un peu partout, mais Sentosa en concentre la majeure partie. Cette île abrite le parc Universal Studios, mais aussi un nombre incalculable d'autres attractions, dont l'impressionnant S.E.A. Aquarium, une tyrolienne et une piscine à vagues. Pour explorer toute l'île, il vous faudra au moins une bonne journée, ainsi qu'un portefeuille bien garni, la plupart des activités étant payantes.

Réductions

Les enfants peuvent bénéficier de réductions allant jusqu'à 50%. L'entrée est libre pour les moins de six ans dans de nombreux grands musées, dont le National Gallery Singapore, le National Museum of Singapore, l'Asian Civilisations Museum et le Peranakan Museum. Le MRT est gratuit pour les enfants mesurant moins de 90 cm. Sur présentation d'une carte d'identité avec photo, les étudiants peuvent eux aussi profiter de réductions.

Cascades et frissons

Universal Studios Attractions hollywoodiennes, montagnes russes et spectacles pour petits et grands enfants. (p. 152)

iFly Un saut de 2 746 m de hauteur sans prendre l'avion ? C'est possible dans ce centre de chute libre. (p. 156)

Wave House Surfez sur des vagues sans quitter la piscine, à Sentosa. (p. 157)

Pinnacle@Duxton Une promenade aérienne abordable et familiale, avec vue sur la ville et de l'espace pour se défouler. (p. 70)

Musées

National Museum of Singapore Une exploration du patrimoine de Singapour, avec expos audiovisuelles,

PUMPZA/SHUTTERSTOCK ©

objets et panneaux conçus pour les enfants. (p. 46)

ArtScience Museum De formidables expositions temporaires consacrées à l'art et à la science, avec des programmes interactifs pour les enfants. (p. 48)

Lee Kong Chian Natural History Museum Une séduisante collection, avec dinosaures et expositions sur les créatures terrestres ou marines. (p. 144)

MINT Museum of Toys Une incroyable collection comptant plus de 50 000 jouets collector du monde entier. (p. 48)

Activités en extérieur

Gardens by the Bay Biodômes futuristes, "super-arbres", promenade aérienne à perte de vue et jardin pour enfants de 1 ha avec bassins ludiques. (p. 38)

Southern Ridges Espace de jeux pour les enfants, promenade dans la canopée et singes à observer. (p. 140)

Pulau Ubin Enfourchez un vélo et pédalez dans la forêt au fil de cabanes colorées sur cette île paisible. (p. 174)

Singapore Ducktours Des circuits amusants dans un ancien véhicule militaire amphibie coloré. (p. 49)

Observer les animaux

Singapore Zoo Un zoo modèle dans le monde, et l'occasion d'un mémorable petit-déjeuner avec des orangs-outans. (p. 120)

Night Safari Pour passer la soirée avec léopards, lions et moutons bleus de l'Himalaya. (p. 122)

SEA Aquarium Un aquarium spectaculaire et très complet. (photo ; p. 155)

En poussette

Singapour est idéale pour les familles se déplaçant avec une poussette. Les voies piétonnes sont bien entretenues, et les transports en commun très accessibles (les trains et les bus sont dotés de rampes). Les sites importants louent souvent des poussettes.

Histoire et culture

L'histoire et la culture de Singapour sont mises en lumière par de nombreux sites et musée aux collections très intéressantes. Le Colonial District regroupe les plus importants, et leurs collections vous plongeront dans l'histoire, la culture et l'art de Singapour et de la péninsule. D'intrigants joyaux s'y cachent également, des taudis restaurés de Chinatown à des mémoriaux de guerre obsédants.

Devoir de mémoire

La Seconde Guerre mondiale ayant laissé des traces indélébiles à Singapour, de nombreux musées traitent cette période, notamment le National Museum of Singapore et le Changi Museum and Chapel. Un fort britannique sur Sentosa, le champ de bataille de Bukit Chandu ("colline de l'Opium") et un ancien bunker au Fort Canning Park rappellent aussi cette période. Rien d'étonnant, donc, à ce que le traumatisme de l'Occupation et les relations houleuses d'après guerre avec ses voisins aient alimenté l'obsession sécuritaire actuelle de Singapour.

Florilège peranakan

Baba House Un aperçu du quotidien d'une riche famille peranakan (vers 1928), dans une magnifique maison historique. (p. 68)

Katong Antique House Un méli-mélo d'objets et de documents historiques, tenu par l'un des plus grands spécialistes de la culture peranakan. (p. 165)

Mémoire de guerre

Fort Siloso Sur Sentosa, vous vous enfoncerez dans les galeries souterraines de ce fort de défense tristement célèbre. (p. 155)

Reflections at Bukit Chandu Un captivant récit de l'invasion japonaise, au sommet de l'ancienne "colline de l'opium". (p. 141)

Battlebox Ce fascinant complexe souterrain illustre la chute brutale de Singapour. (p. 46)

Objets d'art et d'artisanat

National Gallery Singapore Le plus grand atout culturel de Singapour met à l'honneur l'art régional des XIXe et XXe siècles. (p. 40)

EQROY/SHUTTERSTOCK ©

Asian Civilisations Museum Un écrin d'objets d'art, décoratifs et religieux, et de tissus. (p. 36)

Gillman Barracks Une kyrielle de galeries privées exposant art moderne et contemporain. (p. 144)

Le vieux Singapour

National Museum of Singapore Explorez des siècles de l'histoire locale, de l'exil des princes de Sumatra à l'indépendance. (p. 46)

Chinatown Heritage Centre Pour revivre la dure réalité du Chinatown surpeuplé d'autrefois. (p. 62)

Images of Singapore Un portrait interactif retraçant six siècles d'histoire singapourienne. (p. 155)

Indian Heritage Centre Un musée de pointe sur les origines et le patrimoine de la communauté indienne de Singapour. (p. 90)

Édifices religieux

Temple Thian Hock Keng Temple aux poutres sculptées, fièrement dressé derrière ses lions de pierre. (p. 68)

Mosquée du Sultan Le point de convergence de Kampong Glam, avec sa coupole dorée. (p. 90)

Temple Sri Veeramakaliamman Le plus coloré et le plus beau temple hindou de Little India. (photo ; p. 91)

St Andrew's Cathedral La célèbre église de Singapour, d'une blancheur virginale. (p. 43)

Ancienne usine Ford

Cette ancienne usine de montage Ford Motors est surtout connue pour avoir vu les Britanniques capituler face aux Japonais le 15 février 1942. Elle accueille aujourd'hui une exposition retraçant l'entrée en guerre de Singapour, les 3 sombres années de l'occupation japonaise, le rétablissement de la Suisse de l'Asie et son chemin vers l'indépendance.

Sortir

Concerts, pièces de théâtre, danse... Des activités palpitantes sont programmées toute l'année à Singapour, certaines périodes frisant même l'effervescence, avec des courses automobiles, des festivals culturels et de grands shows musicaux. Si vous finissez par saturer, les spas de Singapour prendront la relève.

Cinéma

Les Singapouriens adorent le cinéma, un passe-temps plutôt abordable (12,50 $S). Il existe quantité de multiplexes, beaucoup sont logés dans les *malls*. Le Singapore International Film Festival programme chaque année des productions indépendantes et d'auteur. Prévoyez une petite laine : il fait frais dans les salles locales.

Musique live

La scène musicale locale est (relativement) dynamique. L'Esplanade – Theatres on the Bay, siège du Singapore Symphony Orchestra, organise souvent des concerts gratuits. Des artistes importants sont programmés au Singapore International Jazz Festival et au St Jerome's Laneway Festival, grand rendez-vous indé.

Réservations

Achetez vos billets en ligne sur www.sistic.com.sg. Comptez 20-70 $S pour du théâtre local, 100-250 $S pour un spectacle international de musique, et 65-200 $S pour une comédie musicale à gros budget. Les musiciens locaux jouent souvent gratuitement, bien que certains lieux aient des frais d'entrée modiques.

Musique live

BluJaz Café Jazz et blues de haut vol dans Kampong Glam. (p. 102)

Crazy Elephant Rock, blues et ambiance festive à Clarke Quay. (p. 58)

Esplanade – Theatres on the Bay Spectacles aboutis allant du classique au rock. (photo ; p. 49)

Timbre+ *Hawker centre* New Age organisant des concerts. (p. 146)

TERENCE WONG/SHUTTERSTOCK ©

Théâtre

Singapore Repertory Theatre Cycle annuel consacré à Shakespeare au Fort Canning Park. (p. 57)

Wild Rice Classiques revisités et œuvres inédites. (p. 103)

TheatreWorks Créations et collaborations internationales. (p. 57)

Necessary Stage Du théâtre couleur locale qui suscite la réflexion. (p. 171)

Spectacles chinois

Chinese Theatre Circle Opéra chinois, conférences sur le sujet et repas à Chinatown. (p. 78)

Singapore Chinese Orchestra Concerts de musique classique chinoise avec des instruments traditionnels. (p. 79)

Rencontres sportives

Grand prix de Formule 1 de Singapour Course nocturne fin septembre dans Marina Bay. (p. 24)

Rugby Sevens Depuis 2016, Singapour accueille des rencontres de ce tournoi international de rugby à sept.

Cinéma classique et indépendant

Rex Cinemas Films Bollywood à la lisière de Little India. (p. 102)

Vaut le détour

Moins intense que les champs de courses hippiques de Hong Kong, le **Singapore Turf Club** (☎6879 1008 ; www.turfclub.com.sg ; 1 Turf Club Ave ; à partir de 6 $S ; Ⓜ Kranji) reste très prisé. En général, les courses se disputent le vendredi et le dimanche dans l'après-midi. Respectez le code vestimentaire (voir le site Web), et venez avec une pièce d'identité, l'entrée est réservée aux plus de 18 ans. L'entrée à l'Owners' Lounge coûte 30 $S.

Circuits organisés

Rien de plus aisé que d'explorer Singapour par soi-même. Malgré tout, la ville et son histoire se révèlent parfois de façon inattendue lors d'un circuit organisé. Vue d'ensemble divertissante lors d'une balade en famille ou excursions et croisières axées sur un thème particulier : le choix est vaste.

Les bases

Le climat étant chaud et humide, des vêtements légers, confortables et respirants sont à privilégier.

Pour l'extérieur, l'idéal est de prévoir chapeau, crème solaire, eau, répulsif contre les insectes et parapluie en cas d'averses tropicales. Les circuits culinaires sont un délice pour les gastronomes : mieux vaut arriver le ventre vide (notre recommandation : portez une ceinture que vous pourrez ajuster).

Circuits thématiques

Betel Box : The Real Singapore Tours Guidés par Tony Tan et l'équipe de l'auberge de jeunesse Betel Box. (p. 167)

Jane's SG Tours Ses circuits offrent un aperçu unique du patrimoine historique, architectural, religieux, botanique et culturel de Singapour. (p. 112)

Battlebox Une expédition dans les souterrains d'un bunker de la Seconde Guerre mondiale. (p. 46)

Bukit Brown Tour (www.facebook.com/groups/bukitbrown). Des circuits pédestres dans l'un des cimetières les plus beaux et les plus chargés d'histoire de Singapour.

Avec montée et descente libre

Big Bus Tours Singapore (www.bigbustours.com/en/singapore/singapore-bus-tours). Bus à impériale au toit ouvert desservant sur plusieurs itinéraires les secteurs touristiques importants, avec montée et descente illimitée.

Les quartiers

Original Singapore Walks (www.singaporewalks.com). D'excellentes excursions pédestres à Chinatown, Little India, Kampong Glam, le Colonial District, Boat Quay, Haw Par Villa et divers sites liés à la guerre. La plupart des circuits durent de 2 heures 30 à 3 heures. Réservation facultative : consultez les

SAM'S STUDIO/SHUTTERSTOCK ©

lieux et heures de rendez-vous sur le site.

Chinatown Trishaw Night Tour (www.viator.com). Un circuit évocateur de 4 heures dans Chinatown avec dîner, exploration à pied, tour de cyclo-pousse et croisière en *bumboat* sur le fleuve Singapour. On vient vous chercher à l'hôtel puis l'on vous ramène.

Trishaw Uncle (www.trishawuncle.com.sg). Montez dans un cyclo-pousse pour une balade rétro à Bugis et Little India. Le circuit de 45 minutes passe le long du fleuve. Le terminal des cyclo-pousses se trouve dans Queen St, entre le Fu Lu Shou Complex et l'Albert Centre Market and Food Centre. (p. 94)

Sur l'eau

Singapore River Cruise Croisières relaxantes en *bumboat* de 40 minutes entre les quais et Marina Bay, avec des panoramas spectaculaires sur la ville. (p. 49)

Singapore Ducktours Un circuit réjouissant sur terre et sur l'eau, à bord d'un ancien véhicule militaire bariolé. (photo : p. 49)

Vaut le détour

La visite à la **Tiger Brewery** (☎6860 3005 ; www.tigerbrewerytour.com.sg ; 459 Jln Ahmad Ibrahim ; adulte semaine/week-end/enfant 18/20/12 $S ; ⌚13h-15h mar-dim ; P ; M Tuas West Rd) se divise en deux parties : une visite de l'établissement durant 45 minutes, puis 45 minutes de dégustation gratuite dans la Tiger Tavern, tout en cuir et bois. Départs toutes les heures entre 13h et 17h et réservation obligatoire. Boissons alcoolisées interdites aux moins de 18 ans, qui doivent être accompagnés d'un adulte.

Fêtes et festivals

SAM'S STUDIO/SHUTTERSTOCK ©

Avec 4 langues officielles (dont un anglais mâtiné de hokkien, de tamoul et de malais), des mosquées accolées à des temples et des chefs européens manipulant des épices chinoises, Singapour est un véritable melting-pot. Nombre de festivals variés célèbrent le patrimoine multiculturel riche et truculent de la ville toute l'année.

Musique

St Jerome Laneway Festival (jan ; singapore.lanewayfestival.com). Festival ultrabranché de musique indépendante, sur une journée.

Singapore International Jazz Festival (avr ; www.sing-jazz.com). Pendant 3 jours, concerts de grands noms du jazz.

ZoukOut (déc ; www.zoukout.com). Énorme fête dance en plein air, orchestrée par des DJ internationaux réputés deux nuits durant à Sentosa.

Fêtes chinoises

Nouvel An chinois (fév). Dragons, feux d'artifice, festins et rues superbement décorées.

Fête de la mi-automne (août/sept). Lanternes et gâteaux de lune illuminent Chinatown. À la pleine lune, durant le 8e mois du calendrier lunaire.

Fêtes hindoues

Thaipusam (fév). Les fidèles processionnent, le corps percé de tiges de métal.

Diwali (oct/nov). Little India s'illumine pour cette "fête des lumières".

Thimithi (oct/nov). Les hindous marchent sur des charbons ardents devant le temple Sri Mariamman.

Pour les gourmets

Singapore Food Festival (juil ; www.yoursingapore.com). Deux semaines de dégustations et de circuits gastronomiques.

World Gourmet Summit (mars/avr ; www.worldgourmetsummit.com). Chefs de haut vol, ateliers et dîners pendant 4 semaines.

Typiquement singapourien

Chingay (fév ; www.chingay.org.sg). La plus grande fête de rue de Singapour, 22 jours après le Nouvel An chinois.

Fête nationale (9 août). Défilés et feux d'artifice somptueux. Achetez vos billets bien à l'avance.

Formula One Night Race (sept ; www.singapore-f1-grand-prix.com). Impressionnante course de F1 à la tombée de la nuit.

Prises de vue et panoramas

BULE SKY STUDIO/SHUTTERSTOCK ©

De la majestueuse silhouette des gratte-ciel aux gros plans sur les volets colorés, les produits du marché et une flore aux couleurs éclatantes, Singapour est bien le complice idéal pour faire rêver vos amis en leur envoyant des clichés exotiques. Faites le point, déclenchez et savourez d'avance !

Perspectives sur les buildings

Smoke and Mirrors Une perspective dégagée sur les buildings de Padang et de Marina Bay depuis le bar de la National Gallery Singapore. (p. 53)

ION Sky Pont d'observation situé au 56e niveau de l'ION Orchard Mall. (p. 117)

CÉ LA VI SkyBar L'occasion d'un cocktail au sommet du Marina Bay Sands, avec une vue incroyable sur la ville. (p. 55)

1-Altitude Rooftop Gallery & Bar Une vue à 360 degrés sur l'île depuis le bar à ciel ouvert le plus haut perché du monde (282 m), au-dessus du CBD. (p. 56)

Architecture

Gardens by the Bay Arbres futuristes, biodômes spectaculaires, cascade intérieure et sculptures fascinantes. (p. 38)

National Gallery Singapore Un époustouflant mariage d'architecture coloniale et de design contemporain. (p. 40)

Chinatown *Shophouses* richement décorées et temples nimbés de fumées d'encens. (p. 61)

Marina Bay Sands Trois tours futuristes. (p. 46)

Emerald Hill Road Un mélange évocateur de *shophouses* éclairées à la lanterne et d'élégantes résidences du début du XXe siècle. (p. 110)

À Singapour, vous êtes sûr ?

Little India Façades aux couleurs vives, lieux saints et stands de guirlandes de fleurs, monticules d'épices et magnifiques saris. (p. 85)

Kampong Glam Soirées prolongées dans les bars à chicha, tapis persans et une mosquée au dôme en or vous plongeront dans les Mille et Une Nuits. (p. 85)

Pulau Ubin Cabanons aux toits d'étain, animaux domestiques allant et venant et jungle touffue : un arrêt sur image d'un Singapour oublié. (p. 174)

Geylang Road À la nuit tombée, un monde interlope mêlant bars à karaoké criards, *kopitiam* et ruelles sombres, entre temples et prostituées. (p. 160)

Singapour en 4 jours

Jour 1

SAIKO3P/SHUTTERSTOCK ©

Le matin, promenez-vous sur les **quais** (p. 53) pour admirer gratte-ciel et édifices coloniaux avant de vous plonger dans l'**Asian Civilisations Museum** (p. 36). Goûtez la cuisine peranakan à la **National Kitchen by Violet Oon** (p. 51), puis allez admirer l'exceptionnelle collection d'art d'Asie du Sud-Est de la **National Gallery Singapore** (p. 40).

L'après-midi, partez à la découverte des temples de **Chinatown** (p. 61). Mêlez-vous à la vie du quartier dans le **temple Sri Mariamman** (p. 70) et le **Buddha Tooth Relic Temple** (photo ; p. 68). Après un apéritif sur Club St, prenez place tôt au **Jumbo Seafood** (p. 51) pour son fameux chili de crabe.

Finissez la soirée au **Night Safari** (p. 122).

Jour 2

TK KURIKAWA/SHUTTERSTOCK ©

Ceux pour qui Singapour est une métropole aseptisée seront vite détrompés par **Little India** (p. 85). Imprégnez-vous des couleurs et chants du **temple Sri Veeramakaliamman** (p. 91), découvrez la fascinante histoire du quartier à l'**Indian Heritage Centre** (p. 90), avant de commander un plat pimenté au **Lagnaa Barefoot Dining** (p. 95).

Fuyez la chaleur dans le confort des espaces climatisés d'**ION Orchard Mall** (photo ; p. 177), et profitez de l'*happy hour* sur la belle et historique **Emerald Hill Road** (p. 110).

Lorsque la faim se fera sentir, direction **Satay by the Bay** (p. 52). Arrêt suivant : les futuristes **Gardens by the Bay** (p. 38). Ne manquez pas le spectacle lumineux des "super-arbres" (19h45 et 20h45).

Jour 3

I VIEWFINDER/SHUTTERSTOCK ©

Levez-vous tôt pour assister au **petit-déjeuner dans la jungle** (p. 121) des orangs-outans, vedettes du **Singapore Zoo** (p. 120). Sachez que le moment du repas est celui où les animaux sont les plus actifs, ce qui permet de les observer de plus près.

Après un déjeuner rapide au zoo, offrez-vous un après-midi de pur divertissement sur l'île de **Sentosa** (photo ; p. 151). Optez pour un manège aux **Universal Studios** (p. 152), une virée sur les vagues artificielles de **Wave House** (p. 157) ou une chute libre à l'**iFly** (p. 156 ; réservez).

Remettez-vous de vos émotions en sirotant un verre sur la plage de Sentosa, bordée de palmiers, au **Coastes** (p. 159) ou au **Tanjong Beach Club** (p. 158), plus à l'écart.

Jour 4

JOYFULL/SHUTTERSTOCK ©

Pour un aperçu de Singapour dans les années 1950, prenez un petit-déjeuner traditionnel (tartines de *kaya*, œufs et *kopi*) avant de vous aventurer parmi les *shophouses* de **Joo Chiat (Katong)** (p. 171). Admirez les maisons pastel de **Koon Seng Road** (p. 167), et dégustez un *laksa* chez **328 Katong Laksa** (p. 168).

Pour digérer, louez un vélo et parcourez le paisible **East Coast Park** (p. 167) en contemplant les bateaux voguant sur le détroit.

Le soir, rendez-vous à **Geylang** (p. 160), un quartier "chaud" qui recèle néanmoins des temples, des mosquées et de bons restaurants. Regagnez le centre-ville et terminez la soirée à l'élégant **Smoke and Mirrors** (p. 53), qui offre une vue dégagée sur Singapour.

Les basiques

Pour plus d'informations, voir le Carnet pratique (p. 177)

Monnaie
Dollar de Singapour $S

Langues
Anglais, mandarin, malais, tamoul

Visas
Les ressortissants français, belges, suisses et canadiens arrivant en avion reçoivent un visa valable 90 jours.

Argent
Nombreux DAB et bureaux de change. CB acceptées presque partout.

Téléphones portables
Les numéros commencent par 9 ou par 8. Les bureaux de poste, commerces de proximité et agences de télécommunications vendent des cartes SIM pour les touristes (15 $S environ ; passeport requis).

Heure locale
GMT + 8 heures .

Pourboire
Pratique peu répandue, et interdite à l'aéroport.

Budget quotidien

Moins de 200 $S

Lit en dortoir 25-45 $S

Repas dans un *hawker centre* ou un *food court* 6 $S environ

Une heure de réflexologie plantaire au People's Park Complex 25 $S

Billet d'entrée pour un grand musée 6-20 $S

De 200 à 400 $S

Chambre double dans un hôtel de catégorie moyenne 150-300 $S

Singapore Ducktour 43 $S

Dîner (2 plats) avec vin 80 $S

Cocktail dans un bar correct 20-28 $S

Plus de 400 $S

Chambre double dans un 4 ou 5 étoiles 350-800 $S

Massage chez Remède Spa 105 $S

Dégustation dans un grand restaurant 300 $S ou plus

Billet pour une pièce de théâtre 150 $S

À prévoir

Deux mois avant Réservez pour les événements majeurs comme le Grand Prix de Formule 1, et pour les restaurants haut de gamme prisés.
Un mois avant Réservez un lit si vous comptez loger en dortoir le week-end.
Une semaine avant Cherchez un hébergement de dernière minute à petit prix et consultez la liste des manifestations ou festivals. Réservez votre brunch ou votre thé dans un hôtel haut de gamme.

Arriver à Singapour

Changi Airport

Le MRT (métro) permet de rejoindre le centre-ville entre 5h30 et 23h18 ; les bus publics circulent de 6h à 0h. Le trajet en métro ou en bus coûte au minimum 1,69 $S. La navette de l'aéroport (adulte/enfant 9/6 $S) circule 24h/24. En taxi, comptez de 20 à 40 $S ; attention, le tarif grimpe de 50% entre 0h et 6h, sans compter les suppléments d'aéroport. Une limousine de quatre places coûte 55 $S, plus 15 $S par arrêt.

HarbourFront Cruise & Ferry Terminal

Le MRT pour rejoindre la ville coûte 1,07 $S. Un taxi revient à 8-10 $S, suppléments non compris.

Woodlands Train Checkpoint

Pour rallier la ville en taxi, comptez 25 à 30 $S (plus suppléments).

Comment circuler

MRT

Le métro local est le moyen de transport le plus commode pour se déplacer entre 5h30 et 0h.

Bus

Réseau encore plus complet que celui des trains. Les bus circulent entre 5h et 1h du matin. Quelques services de nuit également.

Taxi

Les taxis sont plutôt bon marché comparés aux villes occidentales, mais les tarifs explosent aux heures de pointe ou entre 0h et 6h. Vous pouvez héler un taxi dans la rue ou aux stations de taxi. Notez qu'il est presque impossible d'en trouver un quand il pleut.

Grab

Ce concurrent d'Uber en a racheté la branche locale en 2018.

Les quartiers de Singapour

Ouest et sud-ouest de Singapour (p. 139)

Un havre de paix où se promener sur la canopée, des cocktails à savourer en hauteur et des sites historiques de la guerre à visiter.

Holland Village, Dempsey Hill et Botanic Gardens (p. 125)

Des expatriés sirotant un café crème, des boutiques d'antiquaires dans une ancienne caserne reconvertie et les étendues luxuriantes des jardins botaniques.

Sentosa Island (p. 151)

Bienvenue sur cette île aux merveilles, terrain de jeu ambitieux : parcs à thème, activités et spectacles, bars sur la plage au crépuscule et dîners au bord de la marina.

Orchard Road (p. 107)

Des *malls* et encore des *malls*… Qu'ils soient futuristes ou rétro, ces temples de la consommation climatisés sont aussi nombreux que les casinos de Las Vegas.

Little India et Kampong Glam (p. 85)

Ce que Singapour compte de plus pittoresque : rues multicolores débordant de vie, cafés à chicha et boutiques indépendantes.

Joo Chiat (Katong) (p. 163)

Foyer spirituel de la communauté peranakan locale, parsemée de *shophouses* et de sanctuaires bigarrés, et des meilleures adresses pour la cuisine locale.

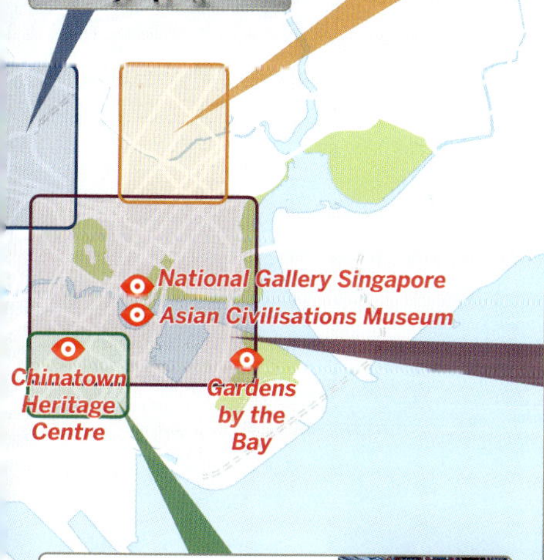

Colonial District, les quais et Marina Bay (p. 35)

Édifices coloniaux, architecture moderne, musées de classe mondiale et restaurants au bord de l'eau.

Chinatown et le CBD (p. 61)

Les odeurs d'encens des temples se mêlent à celles des *hawker centres* et les gratte-ciel côtoient des *shophouses*, remplis de restaurants et de bars branchés.

Explorer Singapour

Vaut le détour

Gardens by the Bay (p. 38) TAKASHI IMAGES/SHUTTERSTOCK ©

CapitaLand
UOB
OCBC Bank

Explorer

Colonial District, les quais et Marina Bay

Cette ancienne enclave administrative britannique est la vitrine de Singapour, avec ses joyaux d'architecture moderne, ses édifices coloniaux grandioses, ainsi que ses musées et parcs d'exception. Le fleuve Singapour est bordé par les quais, qui constituent un haut lieu de la vie nocturne du quartier.

Notre sélection

- ***Asian Civilisations Museum (p. 36)**. La plus belle collection de trésors panasiatiques en Asie du Sud-Est.*
- ***Gardens by the Bay (p. 38)**. Une escapade futuriste dans les superbes jardins botaniques de Singapour.*
- ***National Gallery Singapore (p. 40)**. Le digne écrin d'une des plus vastes collections d'art moderne publiques du Sud-Est asiatique.*
- ***Marina Bay Sands (p. 46)**. Une prouesse d'ingénierie unique, donnant un aperçu de l'ambition singapourienne.*

Comment y aller et circuler

M La station de correspondance MRT City Hall est reliée *via* des *malls* (centres commerciaux) souterrains à l'Esplanade, d'où l'on peut rejoindre Marina Bay. Pour les quais, l'arrêt suivant est Raffles Place (ligne verte). La station Bayfront MRT (ligne bleue) dessert Marina Bay Sands, Gardens by the Bay et Fort Canning.

Plan du quartier p. 44

Centre-ville de Singapour TAPANUTH/SHUTTERSTOCK ©

Les incontournables

Asian Civilisations Museum

Ce musée remarquable rassemble, sur trois niveaux, la collection la plus complète du genre dans la région. Ses galeries thématiques explorent l'héritage de la cité portuaire en lien avec l'histoire, les cultures et les religions d'Asie du Sud-Est, de Chine, du sous-continent indien et de l'Asie occidentale musulmane. L'étude de ces relations est ensuite étendue à tout le continent, puis au reste du monde.

PLAN P. 44, D4

6332 7798 ; 1 Empress Pl

www.acm.org.sg

tarif plein/étudiant/-6 ans 20/15 $S/gratuit, 19h-21h ven demi-tarif

10h-19h lun-jeu, 10h-21h ven

M Raffles Place, City Hall

Épave Tang (TangShipwreck)

Ce navire chargé d'objets sublimes, dont plus de 60 000 céramiques de la dynastie Tang, fit naufrage il y a plus de 1 000 ans. Sa découverte donne un aperçu du commerce en Asie au IXe siècle. Au milieu d'un ensemble de bols de Changsha trône une maquette de l'embarcation, assemblée avec des cordages en fibre de coco. Ne cherchez pas votre reflet dans les miroirs en bronze : les siècles passés sous l'eau ont noirci leur alliage argenté. L'un d'eux a plus de 2 000 ans !

Salles du Commerce

Ces salles montrent comment les routes commerciales ont diffusé les idées et les modes en même temps que les marchandises. Le musée possède une remarquable collection de porcelaines couvrant l'histoire des différentes régions de production. Ne manquez pas less éclatantes céramiques bleu et blanc chinoises et moyen-orientales. D'un goût un peu particulier, la soupière et sa soucoupe colorées, représentant une tête de sanglier dont les narines permettaient à la vapeur de s'échapper, firent sans doute sensation à la table de leur propriétaire. Outre la porcelaine, on peut admirer un délicat service à thé en argent de l'époque Tang. Chose rare, il est encore conservé dans son coffret d'origine.

Galerie des Anciennes Religions

Les pièces exposées dans cette galerie en cours d'aménagement illustrent la propagation des religions indiennes (surtout l'hindouisme et le bouddhisme) en Asie à partir du IIIe siècle av. J.-C., et leur fusion avec les traditions locales. Ne manquez pas la tête de bodhisattva en terre cuite : sa chevelure, sa barbe et sa coiffe sont minutieusement détaillées. À terme, cette galerie devrait offrir une immersion plus profonde dans les transformations de ces religions et d'autres en Asie.

★ À savoir

- L'accès au 3e niveau se fait uniquement par les escaliers et l'ascenseur à l'arrière du bâtiment.
- Pour éviter la foule, l'idéal est de venir le matin.
- Si vous entrez côté fleuve, pensez à ressortir par la porte du hall principal pour admirer la façade.

✕ Une petite pause ?

Parfait pour un café avec une jolie vue sur le fleuve, un établissement de la chaîne Privé (p. 116) se trouve dans le hall d'entrée du musée.

Les incontournables

Gardens by the Bay

Bienvenue dans les jardins botaniques du futur : un espace fantastique où des biodômes de science-fiction côtoient de "super-arbres" high-tech et des sculptures fantaisistes. Pour un coût de plus d'un milliard de dollars singapouriens et sur une surface de 101 ha, Gardens by the Bay est bien plus qu'un espace vert où se ressourcer : c'est une œuvre d'aménagement urbain ambitieuse, qui ravira les amateurs d'architecture autant que les amoureux de la nature.

PLAN P. 44, H6

6420 6848

www.gardensbythebay.com.sg

18 Marina Gardens Dr

jardins gratuit, serres adulte/-13 ans 28/15 $S, OCBC Skyway adulte/-13 ans 8/5 $S

The Conservatories (les serres)

Abritant 226 000 plantes et 800 espèces au total, ces serres asymétriques émergent des jardins, près de Marina Bay, comme les coquilles de deux nautiles géants. Le Flower Dome, planté de vieux oliviers, reproduit un climat méditerranéen. Son restaurant raffiné, le Pollen, se fournit directement dans les jardins. De son côté, l'humide Cloud Forest Dome recrée le climat tropical que l'on trouve entre 1 500 et 3 000 m d'altitude. Sa pièce maîtresse est une montagne de 35 m de haut, avec une cascade.

Super-arbres et sculptures

Quand la botanique rencontre la science-fiction, cela donne les "super-arbres", 18 structures en béton entourées d'acier sur lesquelles poussent plus de 162 900 plantes. Ces arbres gigantesques – en réalité, des pièces de ventilation pour les turbines à vapeur alimentées par la biomasse des jardins – servent à générer de l'électricité afin de rafraîchir les serres. Pour une vue imprenable, parcourez l'**OCBC Skyway**, une plateforme de 22 m de haut qui relie les six "super-arbres" du Supertree Grove, où l'on peut acheter des billets (espèces uniquement, jusqu'à 20h). Tous les soirs, à 19h45 et 20h45, les *Supertrees* sont au cœur du son et lumière *Garden Rhapsody*. Les œuvres d'art abondent dans les jardins, la plus surprenante étant la gigantesque *Planet*, de Marc Quinn. Créée en 2008, elle représente un bébé de 7 mois endormi, qui semble flotter au-dessus du sol.

Far East Organization Children's Garden

Les petits adoreront ce **jardin interactif** (🕙10h-19h mar-ven, 9h-21h sam-dim) gratuit, conçu pour les enfants jusqu'à 13 ans. Au programme : obstacles dans le parcours aventure, ponts suspendus reliant des cabanes dans les arbres et aire de jeux aquatiques, équipée de jets d'eau à détecteurs de mouvements et baignée de musique d'ambiance.

★ Bon à savoir

- La station du MRT la plus proche est Bayfront.
- Gardens by the Bay propose un **bus navette** (🕙9h-21h, 1er lun du mois à partir de 12h30 ; 3 $S). Tickets en vente à bord (espèces et petites coupures seulement).
- Les jardins sont ouverts de 5h à 2h, les serres et l'OCBC Skyway de 9h à 21h.

✕ Une petite pause ?

Dîner raffiné dans le Flower Dome, chez **Pollen** (☎6604 9988 ; www.pollen.com.sg ; menu dégustation dîner 6 plats 168 $S, avec vin 306 $S ; 🕙12h-15h et 18h-22h30 mer-dim, café Pollen Terrace 9h30-21h tlj). Excellent thé dans l'après-midi.

Pour un déjeuner à l'extérieur, le *hawker centre* Satay by the Bay (p. 52) est moins cher.

Les incontournables

National Gallery Singapore

*Fruit de 10 ans de travaux et de 530 millions de dollars singapouriens de budget, la National Gallery est le digne écrin de l'une des plus importantes collections d'art du Sud-Est asiatique. Occupant les bâtiments de l'ancien Hôtel de Ville et de l'ancienne Cour suprême, deux vastes espaces accueillent quelque 8 000 pièces, du XIX*e *siècle à nos jours.*

PLAN P. 44, D3

6271 7000

www.nationalgallery.sg

St Andrew's Rd

tarif plein/réduit 20/15 $S

10h-21h lun-jeu, 10h-19h ven

P ; M City Hall

Les bâtiments

Unis par une stupéfiante canopée d'aluminium et de verre, les bâtiments de l'ancien Hôtel de Ville (p. 43) et de l'ancienne Cour suprême accueillent désormais le plus vaste espace d'exposition du pays en matière d'arts visuels, avec ses 64 000 m². Entrez par St Andrew's Rd pour apprécier pleinement la manière dont ces colosses coloniaux ont été parfaitement reliés. Les deux édifices ont joué un rôle pivot dans l'histoire de Singapour : c'est à l'Hôtel de Ville que les Japonais capitulèrent en 1945, et que Lee Kuan Yew, premier Premier ministre de la Cité-État, prêta serment. Des visites ont lieu chaque jour ; ne ratez pas les cellules d'audience, où de nombreux inculpés ont attendu leur sentence.

DBS Singapore Gallery

Baptisée "Siapa Nama Kamu ?" ("Comment vous appelez-vous ?" en malais), cette galerie offre un tour d'horizon complet de l'art singapourien du XIXe siècle à nos jours. Ne manquez pas le *Portrait de Lee Boon Ngan* par Chua Mia Tee dans la galerie 2 – notez son col étincelant. Dans la même galerie, guettez les impressions sur bois en noir et blanc, telle *Seascape*, née de la collaboration de six artistes. Enfin, laissez-vous duper par *Through a Chair* de Matthew Ngui, une œuvre recréée spécialement pour la galerie.

UOB Southeast Asia Gallery

Cette galerie, consacrée au contexte artistique de l'Asie du Sud-Est, est logée dans l'ancienne Cour suprême. Profitez de votre visite pour admirer l'architecture. Dans la sombre galerie 1, où siégeait autrefois un tribunal, découvrez les nombreuses œuvres de la seconde moitié du XIXe siècle, lorsque le Sud-Est asiatique était majoritairement colonisé. Dans la galerie 3, admirez l'imposant *Forest Fire* ou le terrifiant *Wounded Lion*, tous deux de Raden Saleh.

★ À savoir

- Le musée propose des visites gratuites des galeries (1 heure), ainsi que des lieux marquants des bâtiments. Seuls les 20 premiers arrivés seront retenus. Présentez-vous 20 minutes avant le départ au guichet des visites, dans le hall B1. Consultez le site Web pour les horaires.

✕ Une petite pause ?

Pour vous restaurer, rendez-vous à la National Kitchen by Violet Oon (p. 51) appréciée des Peranakans.

Promenade à pied

Singapour colonial

Dans une ville résolument tournée vers l'avenir, l'architecture du Colonial District offre un aperçu d'une époque idéalisée : celle du Singapour des missionnaires et des églises, des édifices palladiens, des clubs de cricket de la haute société et du légendaire Raffles Hotel. Au programme : de beaux bâtiments historiques, des bandes de verdure, un panorama spectaculaire sur la cité-État, et un zeste d'art contemporain asiatique.

La promenade :

Départ Singapore Art Museum (M Bras Basah)

Arrivée Old Hill Street Police Station ; M Clarke Quay

Distance 2,6 km

Durée 3-4 heures arrêts inclus

❶ Singapore Art Museum

Fermé jusqu'en 2026 pour rénovation, le **Singapore Art Museum** (SAM ; ☎6589 9580 ; www.singaporeartmuseum.sg ; 71 Bras Basah Rd) occupe une ancienne école catholique de garçons. Fenêtres à volets, carreaux de terre cuite et patio sont d'origine, tandis que le dôme central et le portique furent ajoutés au début du XXe siècle.

❷ Raffles Hotel

Dans Bras Basah Rd en direction du sud-ouest, vous passerez devant la Cathedral of the Good Shepherd ("cathédrale du Bon Berger"), de style Renaissance, et le CHIJMES, couvent de style gothique anglais reconverti en complexe de restaurants. Le Raffles Hotel (p. 47) lui fait face en diagonale.

❸ St Andrew's

Plus au sud, sur North Bridge Rd, se trouve **St Andrew's Cathedral** (cathédrale Saint-André ; ☎6337 6104 ; www.cathedral.org.sg ; 11 St Andrew's Rd ; 🕘9h-17h). Fondée par des marchands écossais, cette cathédrale achevée en 1836 fut frappée à deux reprises par la foudre, puis reconstruite par des détenus indiens en 1862. D'une blancheur virginale, c'est un des rares exemples du style gothique anglais encore sur pied.

❹ Hôtel de Ville

C'est à l'**Hôtel de Ville** (City Hall ; 1 St Andrew's Rd), construit en 1928, que lord Louis Mountbatten annonça la capitulation japonaise en 1945 et que Lee Kuan Yew proclama l'indépendance de Singapour en 1965. L'Hôtel de Ville et l'ancienne Cour suprême (1939) accueillent maintenant la National Gallery Singapore (p. 40).

❺ Padang

C'est sur cette pelouse en face de l'Hôtel de Ville que s'établirent les clubs de cricket Singapore Cricket Club et Singapore Recreation Club. Les forces d'invasion japonaises y entassèrent les Européens avant de les transférer à la prison de Changi.

❻ Victoria Theatre

Un pâté de bâtiments coloniaux s'élève après le virage à gauche dans St Andrew's Rd. Parmi eux : le Victoria Theatre & Concert Hall (p. 56). Cet ancien hôtel de ville datant de 1862 est aussi l'un des premiers édifices victoriens.

❼ Old Hill Street Police Station

En prenant à droite, vous longerez le fleuve Singapour. À l'angle de Hill St, l'**Old Hill Street Police Station** (auparavant MICA Bldg ; 140 Hill St) aux volets multicolores, ancien commissariat considéré comme un "gratte-ciel" lors de sa construction en 1934, abrite désormais le ministère de la Communication et de l'Information ainsi que celui de la Culture, des Communautés et de la Jeunesse.

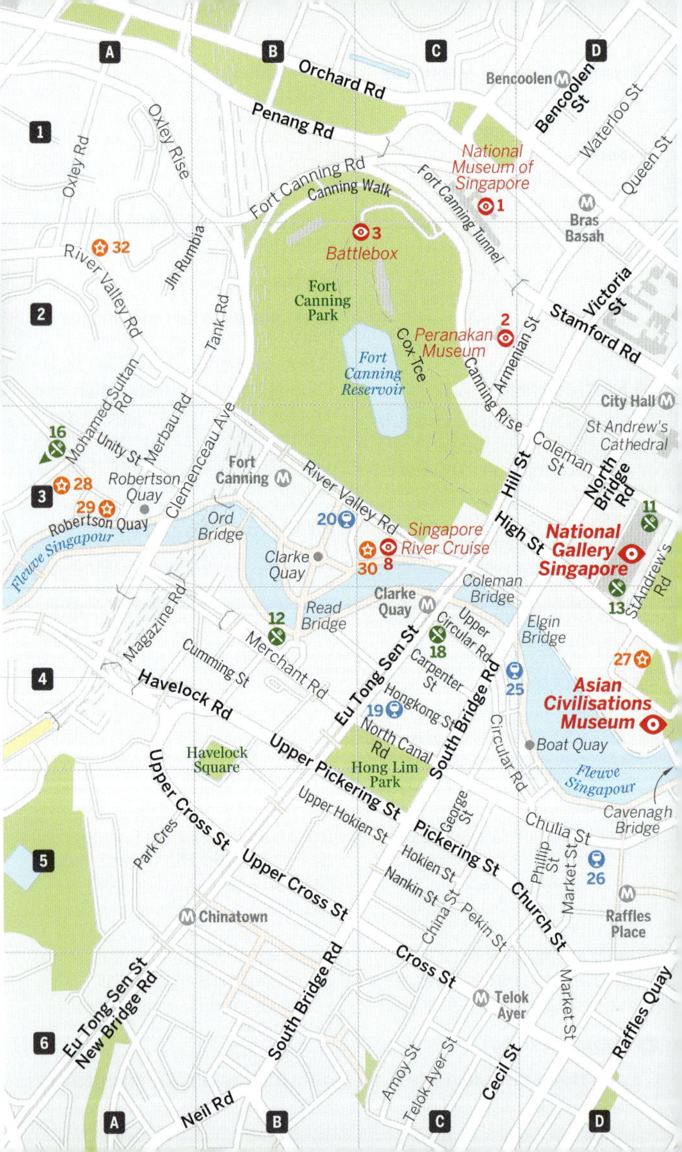
A
B
C
D
1
2
3
4
5
6
Orchard Rd
Penang Rd
Bencoolen
Bencoolen St
Waterloo St
Queen St
National Museum of Singapore
1
Fort Canning Rd
Canning Walk
Fort Canning Tunnel
Oxley Rd
Oxley Rise
Bras Basah
3
Battlebox
32
River Valley Rd
Jln Rumbia
Tank Rd
Fort Canning Park
2
Peranakan Museum
Victoria St
Stamford Rd
Fort Canning Reservoir
Cox Tce
Canning Rise
Armenian St
Mohamed Sultan Rd
Merbau Rd
Clemenceau Ave
City Hall
St Andrew's Cathedral
16
Unity St
Fort Canning
River Valley Rd
Coleman St
Hill St
North Bridge Rd
28
Robertson Quay
29
Robertson Quay
Ord Bridge
20
Singapore River Cruise
High St
11
National Gallery Singapore
Fleuve Singapour
Clarke Quay
30
8
Coleman Bridge
St Andrew's Rd
Clarke Quay
13
Read Bridge
12
Upper Circular Rd
Elgin Bridge
Magazine Rd
Cumming St
Merchant Rd
Eu Tong Sen St
18
Carpenter St
South Bridge Rd
25
27
Havelock Rd
Hongkong St
19
Asian Civilisations Museum
North Canal Rd
Circular Rd
Boat Quay
Havelock Square
Upper Pickering St
Hong Lim Park
Fleuve Singapour
Upper Cross St
Upper Hokien St
George St
Cavenagh Bridge
Park Cres
Pickering St
Chulia St
Hokien St
Phillip St
Market St
26
Upper Cross St
Nankin St
China St
Pekin St
Church St
Raffles Place
Chinatown
Cross St
Telok Ayer
Eu Tong Sen St
New Bridge Rd
South Bridge Rd
Market St
Raffles Quay
Amoy St
Telok Ayer St
Cecil St
Neil Rd

Nos adresses
Les incontournables p. 36
Voir p. 46
Se restaurer p. 51
Prendre un verre p. 53
Sortir p. 56
Shopping p. 58
0
500 m
E
F
G
H
1
2
3
4
5
6
Victoria St
North Bridge Rd
Rochor Rd
Beach Rd
Middle Rd
Purvis St
Seah St
Cashin St
MINT Museum of Toys
6
33
23
31
Raffles Hotel
5
Bras Basah Rd
Nicoll Hwy
Temasek Blvd
Temasek Ave
Promenade
Esplanade
Raffles City
Singapore Ducktours
Stamford Rd
Civil War Memorial Park
City Link Mall
RafflesLink
Raffles Blvd
Republic Blvd
Marina Promenade
East Coast Pkwy
(voie rapide de la côte Est)
Padang
Connaught Dr
Esplanade Dr
9
Esplanade – Theatres on the Bay
Raffles Ave
14
Esplanade Jetty
The Float @ Marina Bay
Esplanade Park
Esplanade Bridge
Helix Bridge
Merlion Park
One Fullerton
ArtScience Museum
7
Collyer Quay
Fullerton Rd
Marina Bay
10
Ultimate Drive
22
Bayfront Ave
17
Flower Dome
21
4
Marina Bay Sands
Marina Bay Sands Hotel
Gardens by the Bay
15
Bayfront
Sheares Ave
Supertree Grove
Marina Blvd
24

Voir

National Museum of Singapore MUSÉE

1 PLAN P. 44, C1

Innovant et prenant, le musée national de Singapour mérite bien deux visites. Cette institution à la fois classique et avant-gardiste préfère, aux présentations figées, des galeries multimédias qui font revivre l'histoire mouvementée de Singapour. Embarquez pour un voyage intime et passionnant, à la découverte des anciens rois malais, de l'occupation en temps de guerre, de la naissance de la nation, mais aussi de la gastronomie et de la mode. Guettez l'œuvre interactive *GoHead/GoStan: Panorama Singapura*, un voyage audiovisuel à travers les différentes époques de la cité-État. Visites guidées gratuites tous les jours (horaires sur le site Web). (☎6332 3659 ; www.nationalmuseum.sg ; 93 Stamford Rd ; adulte/enfant 14/9 $S ; 🕙10h-19h, dernière entrée 18h15 ; P ; M Dhoby Ghaut, Bencoolen)

Peranakan Museum MUSÉE

2 PLAN P. 44, C2

Cet excellent musée présente le riche héritage des Peranakans (descendants des Chinois des Détroits). Des galeries thématiques abordent divers aspects de cette culture : cérémonie de mariage traditionnelle de 12 jours, artisanat, célébrations et spiritualité. On peut y admirer des tenues de cérémonie et des broderies en perles, des lits nuptiaux finement sculptés et de la vaisselle en porcelaine. Lors de la rédaction de ce guide, le musée était fermé pour d'importantes rénovations et ne devrait rouvrir ses portes qu'en fin 2021. (☎6332 7591 ; www.peranakanmuseum.org.sg ; 39 Armenian St ; M City Hall, Bras-Basah)

Battlebox Museum MUSÉE

3 PLAN P. 44, C2

Poste de commandement des Britanniques durant la Seconde Guerre mondiale, les 26 salles lugubres du bunker souterrain de Battlebox, où règne un silence de plomb, ont été réhabilitées avec l'aide de l'Imperial War Museum britannique et de vétérans. Des reconstitutions grandeur nature illustrent la reddition de l'île face au Japon le 15 février 1942. Des messages japonais en morse sont encore visibles aux murs. La visite se déroulant sous terre et durant assez longtemps, elle est déconseillée aux moins de 8 ans. (☎6338 6133 ; www.battlebox.com.sg ; 2 Cox Tce ; adulte/enfant 20/10 $S ; 🕙visites ttes les 30 min 9h45-11h45 et 14h-16h30 ven-dim ; M Dhoby Ghaut)

Marina Bay Sands COMPLEXE

4 PLAN P. 44, G5

Conçu par l'architecte canadien Moshe Safdie, ce vaste complexe combine hôtel, casino, galerie marchande, théâtre, espace d'exposition et musée. L'hôtel **Marina Bay Sands** (☎6688 8888 ; ch à partir de 450 $S ; P ❄ @ 📶 🏊)

en est l'élément phare avec ses 3 tours de 55 étages, reliées par le **SkyPark** (☎6688 8826 ; www.marinabaysands.com/sands-skypark ; Marina Bay Sands Hotel, tour 3, 57e niv ; adulte/-13 ans 26/20 $S ; 🕘11h-21h dim-mar et ven, 11h-18h mer et jeu), une plateforme en surplomb. Sirotez un verre et admirez la vue au CÉ LA VI (p. 55) avant d'assister à un spectacle aux MasterCard Theatres, ou de faire chauffer votre carte bancaire au Shoppes (p. 58). (www.marinabaysands.com ; 10 Bayfront Ave, Marina Bay ; P ; M Bayfront)

Raffles Hotel

ÉDIFICE NOTABLE

5 ◎ PLAN P. 44, E2

Bien que le splendide hall soit réservé aux résidents et que les bars aient tout du piège à touristes, l'hôtel le plus emblématique de Singapour, récemment rénové (voir p. 48), vaut le détour pour sa magnifique façade ivoire, son fameux portier sikh et ses luxuriants jardins tropicaux. Il est aussi truffé de commerces et de restaurants notables.

Né en 1887 sous la forme d'un modeste pavillon de 10 chambres en bord de mer (disparu depuis longtemps à la faveur d'une bonification des terres), l'établissement appartenait aux frères Sarkies, des immigrants arméniens, également propriétaires de deux autres grands hôtels des beaux jours de l'Empire britannique : le Strand à Yangon (Rangoun) et l'Eastern & Oriental à Penang.

Hôtel Marina Bay Sands

La renaissance du Raffles

L'hôtel le plus emblématique de Singapour est resté synonyme de luxe à l'orientale pendant plus d'un siècle. Fermée fin 2017, cette grande dame de l'histoire a subi presque 2 ans de restauration et de rénovations (dont le coût, encore tenu secret, dépasse de loin les 160 millions de dollars singapouriens du ravalement de 1991) grâce auxquelles sa splendeur coloniale, sa sensualité et son faste devraient continuer à éblouir ses visiteurs.

Son âge d'or débuta en 1899 avec l'inauguration du bâtiment principal, dans lequel les clients logent toujours. Rapidement devenu synonyme de luxe à l'orientale, le Raffles apparut dans des romans de Joseph Conrad et de Somerset Maugham.

Le célèbre cocktail Singapore Sling fut inventé ici par Ngiam Tong Boon en 1915 et un tigre de Singapour, échappé d'un cirque ambulant, fut abattu sous la salle de billard en 1902. Celui qui n'était plus qu'un vestige miteux dans les années 1970 évita de justesse la démolition grâce à son statut de monument national reçu en 1987. Il rouvrit ses portes en 1991. (☎6337 1886 ; www.rafflessingapore.com ; 1 Beach Rd ; Ⓜ City Hall, Esplanade)

MINT Museum of Toys MUSÉE

6 ◎ PLAN P. 44, E2

La nostalgie imprègne les 4 étages exigus de ce musée, qui rassemble 50 000 jouets anciens, véritable ode à la récréation. La collection va des albums rares de Flash Gordon aux pistolets supersoniques, en passant par les poupées Mickey Mouse (d'origine) et les poupées de chiffon noires japonaises des années 1930. La boutique du hall vend des jouets originaux. Si vous préférez fêter l'âge adulte, montez jusqu'au bar voisin, le **Mr Punch Rooftop Bar** (☎6339 6266 ; www.mrpunch.com ; ⏲15h-23h30 lun-jeu, 12h-1h ven, 12h-23h30 sam). (☎6339 0660 ; www.emint.com ; 26 Seah St ; adulte/enfant 15/7,50 $S ; ⏲9h30-18h30 tlj, dernière entrée 18h, dernier sam de chaque trimestre jusqu'à 21h30 ; Ⓜ City Hall, Esplanade)

ArtScience Museum MUSÉE

7 ◎ PLAN P. 44, G5

S'ouvrant tel un lotus blanc géant sur un étang, ce musée dessiné par le prolifique Moshe Safdie accueille les grandes expositions internationales (art, design, médias, science, technologie), pouvant aller de l'étude sur les créatures des grands fonds à la rétrospective consacrée à des designers industriels connus dans le monde entier. (☎6688 8826 ; www.marinabaysands.com/museum ; Marina Bay Sands,

6 Bayfront Ave, Marina Bay ; adulte/-13 ans 1 expo 19/14 $S, 2 expos 33/25 $S ; 10h-19h tlj, dernière entrée 18h ; M Bayfront)

Singapore River Cruise
CROISIÈRES

8 PLAN P. 44, C3

Croisières en *bumboat* de 45 minutes sur le fleuve et dans Marina Bay. Départs toutes les 15 minutes environ de divers lieux, dont Clarke Quay, Boat Quay et Marina Bay. Il est plus économique de prendre un de leurs taxis fluviaux (des navettes suivant un itinéraire semblable le week-end). Consultez le site Web pour connaître arrêts et horaires. (6336 6111 ; www.rivercruise.com.sg ; croisière fluviale en bumboat adulte/enfant 20/10 $S ; M Clarke Quay)

Esplanade – Theatres on the Bay
CENTRE ARTISTIQUE

9 PLAN P. 44, E3

Cette salle à 600 millions de dollars singapouriens accueille des spectacles locaux ou internationaux non-stop, ainsi que des événements en plein air gratuits. Réservez auprès de **SISTIC** (6348 5555 ; www.sistic.com.sg ; ION Orchard, 2 Orchard Turn, concierge 4e niv ; M Orchard). Si le bâtiment fait partie du paysage urbain depuis son ouverture en 2002, ses deux structures arrondies couvertes d'"écailles"en aluminium évoquant la vannerie asiatique (et destinées à maximiser l'éclairage naturel) ont été comparées à des yeux de mouche ou à deux moitiés de durian (un fruit exotique d'Asie du Sud). (6828 8377 ; www.esplanade.com ; 1 Esplanade Dr ; billetterie 12h-18h ; P ; M Esplanade, City Hall)

Ultimate Drive
SPORTS D'AVENTURE

10 PLAN P. 44, G5

Tiré à quatre épingles pour jouer les stars, glissez-vous avec élégance dans un bolide de luxe (Ferrari ou Lamborghini) avant de démarrer en trombe. Ce moment unique durera de 15 à 60 minutes. Il y a aussi des circuits au départ de l'entrée du *mall* Suntec City, à l'entrée du Convention Center (01-K27), de 10h à 20h. (6688 7997 ; www.ultimatedrive.com ; 01-14 Marina Bay Sands Hotel, tour 3, 1 Bayfront Ave ; tour en tant que conducteur/passager à partir de 380/300 $S ; 9h-22h ; M Bayfront)

Singapore Ducktours

Pendant une heure, un **amphibie vietnamien** vous emmène faire un tour étonnamment instructif. L'itinéraire terrestre et aquatique de ces véhicules de la Seconde Guerre mondiale reconvertis met l'accent sur Marina Bay et le Colonial District. (plan p. 44, F2 ; 6338 6877 ; www.ducktours.com.sg ; 01-330 Suntec City, tour 5, 3 Temasek Blvd ; adulte/-18 ans 43/33 $S ; 10h-18h ; M Esplanade)

Architecture

Singapour conserve quelques beaux édifices anciens, épargnés par les destructions des années 1960 et 1970. Aujourd'hui, un nombre croissant de projets ambitieux attirent l'attention de toute la planète.

Héritage colonial

En tant que centre administratif sous les Britanniques, Singapour connut une vague de constructions d'une ampleur sans précédent en Malaisie. Les styles européens s'imposèrent : néoclassicisme (Hôtel de Ville, Fullerton Building et National Museum of Singapore) ou inspiration palladienne (Empress Building – actuel Asian Civilisations Museum). L'architecture occidentale a parfois été adaptée au climat tropical, comme en témoignent la porte cochère de la cathédrale St Andrew et les portiques de l'ancienne St Joseph Institution, devenue le Singapore Art Museum.

Shophouses

Ces constructions mitoyennes, l'une des spécificités les plus charmantes de l'architecture singapourienne, sont constituées d'une boutique au rez-de-chaussée, surmontée par un ou deux étages de logements. Environ six styles se sont succédé entre les années 1840 et les années 1960. Les plus remarquables sont celles de style tardif (Late Shophouse Style), aux façades richement ornementées – carreaux colorés, décorations en stuc, pilastres, volets travaillés –, dont on trouve de beaux exemples sur Koon Seng Rd, à Joo Chiat (Katong ; p. 167).

Singapour aujourd'hui

On doit à l'Américain d'origine chinoise IM Pei le gratte-ciel de l'OCBC Centre, le centre commercial argenté de Raffles City et les angles tranchants des tours jumelles du Gateway. Le Britannique Norman Foster a dessiné les "soucoupes volantes" de la station de MRT Expo et de la Cour suprême, ainsi que le nouveau projet de développement de South Beach (face au Raffles Hotel), à usage mixte, dont les deux tours inclinées seront séparées par des jardins aériens. Conçu par le cabinet singapourien Woha, l'hôtel Parkroyal on Pickering dispose d'un ensemble impressionnant de jardins suspendus. C'est enfin au Canadien Moshe Safdie que l'on doit le Marina Bay Sands et son SkyPark, une plateforme en saillie d'une longueur record de 340 m.

Se restaurer

National Kitchen by Violet Oon PERANAKAN $$

11 PLAN P. 44, D3

Très aimée pour sa cuisine sino-malaise fidèle à la tradition, la chef Violet Oon fait figure de trésor national – au point d'avoir ouvert son dernier restaurant dans la National Gallery (p. 40). Régalez-vous de mets exquis préparés sur place de A à Z : *kueh pie tee* (godets de pâte fourrés de crevette et de pois patate), *laksa* "sèche" et *rendang* de bœuf. Réservez impérativement 2 semaines à l'avance. (9834 9935 ; www.violetoon.com ; 02-01 National Gallery Singapore, 1 St Andrew's Rd ; plats 19-37 $S ; 12h-14h30 et 18h-21h30 ; *high tea* 15h-16h ven-dim ; M City Hall)

Jumbo Seafood CHINOIS $$$

12 PLAN P. 44, D4

Envie de chili de crabe ? Vous frappez à la bonne porte ! Imaginez une sauce aux noix douce à souhait, avec juste ce qu'il faut de piment... N'oubliez pas de commander des *mantou* (petits pains frits), pour saucer. Si tous les Jumbo élèvent la cuisine au rang d'art, celui-ci, au bord du fleuve, est le mieux placé. (6532 3435 ; www.jumboseafood.com.sg ; 01-01/02 Riverside Point, 30 Merchant Rd ; plats à partir de 15 $S, chili de crabe environ 88 $S/kg ; 11h30-14h30 et 17h30-22h ; M Clarke Quay)

Odette FRANÇAIS $$$

13 PLAN P. 44, D4

Récemment décoré de 2 étoiles Michelin, ce restaurant français moderne continue à faire parler de lui, et assoit sa place privilégiée sur la scène gastronomique saturée de Singapour. Sous la houlette de Julien Royer, ancien chef du **Jaan** (6837 3322 ; www.jaan.com.sg), les menus sont savamment orchestrés au gré des saisons. Le cadre est stupéfiant, combinant une douce palette de couleurs et une installation aérienne de l'artiste locale Dawn Ng. (6385 0498 ; www.odetterestaurant.com ; 01-04 National Gallery Singapore, 1 St Andrew's Rd ; déj/dîner à partir de 248/358 $S ; 12h-13h15 et 18h30-20h15 lun-sam ; ; M City Hall)

Gluttons Bay HAWKER $

14 PLAN P. 44, F4

Sélectionné par le *Makansutra Food Guide*, le plus célèbre guide des restaurants de Singapour, cet ensemble d'étals en extérieur est idéal pour vous lancer dans l'odyssée culinaire singapourienne. On y trouve un grand choix de classiques comme l'omelette aux huîtres, le *satay*, la raie au barbecue et le gâteau à la carotte (essayez sa version noire). Son emplacement central, au bord de la baie, le rend très populaire, arrivez donc assez tôt (ou tard) pour éviter la foule.

(www.makansutra.com ; 01-15 Esplanade Mall, 8 Raffles Ave ; plats à partir de 4 $S ; 16h-22h30 mar-ven, 15h-22h30 sam-dim ; M Esplanade, City Hall)

Waku Ghin — JAPONAIS $$$

Le menu dégustation de dix plats du grand chef Tetsuya Wakuda enchante le palais par son raffinement et ses saveurs exquises. Les 2 étoiles Michelin récemment décrochées par ce restaurant du Marina Bay Sands (voir 4 plan p. 44, G5), qui cultive pourtant la discrétion, ne font qu'ajouter à son attrait. À base d'ingrédients ultrafrais, son répertoire eurojaponais change quotidiennement, mais la crevette Botan marinée, rehaussée d'oursin et de caviar oscìètre, s'y illustre toujours brillamment. (6688 8507 ; www.tetsuyas.com/waku-ghin ; L2-01 Shoppes at Marina Bay Sands, 2 Bayfront Ave, accès par l'ascenseur A ou B ; dégustation 450 $S, plats bar 23-60 $S ; services 17h30 et 20h, bar 17h30-23h45 ; M Bayfront)

Super Loco Customs House — MEXICAIN $$

15 PLAN P. 44, E6

Idéalement situé sur le port, ce restaurant mexicain crée avec ses guirlandes scintillantes une ambiance décontractée en plein quartier des affaires. Les tacos y sont la spécialité. Mention spéciale pour le croustillant *de baja*, au poisson et à la sauce mangue pimentée. À accompagner d'une margarita (8 parfums au choix !) en contemplant le Marina Bay Sands juste devant. (3158 2799 ; www.super-loco.com/customshouse ; 01-04 Customs House, 70 Collyer Quay ; plats 8-39 $S, formule déj à partir de 29 $S ; 11h30-14h30 et 17h-22h30 lun-sam ; M Raffles Place, Downtown)

Common Man Coffee Roasters — CAFÉ $$

16 PLAN P. 44, A3

Ce spacieux café au décor industriel torréfie sert un café remarquable, ainsi qu'une cuisine succulente. Des produits d'une grande fraîcheur sont associés de manière simple et originale. Au petit-déjeuner (servi toute la journée), goûtez des œufs mollets, enrobés de pâte feuilletée, avec houmous onctueux, feta, olives, concombre et tomate. Au déjeuner, ce sera salade de quinoa aux patates douces grillées, épinards, menthe, coriandre, fromage de chèvre et yaourt miel et raisins secs. (6836 4695 ; www.commonmancoffeeroasters.com ; 22 Martin Rd, Robertson Quay ; plats 14-29 $S ; 7h30-17h30 tlj ; M Fort Canning)

Satay by the Bay — HAWKER $

17 PLAN P. 44, H5

Le *hawker centre* des Gardens by the Bay est très bien situé, le long de Marina Bay. Très agréable en soirée, il est réputé pour son *satay*, que l'on dévore sous les étoiles, sur la vaste terrasse en bois. La plupart des étals culinaires sont ouverts

Les quais de la ville

Sur les rives du fleuve, le tronçon qui relie le Colonial District au Central Business District (CBD) est appelé les Quays (les quais).

Boat Quay (plan p. 44, D4 ; M Raffles Place, Clarke Quay). Jadis centre du commerce de Singapour, Boat Quay conserva son importance dans le secteur économique jusqu'aux années 1960. Il s'imposa comme un haut lieu de loisirs dans les années 1990, grâce à la présence de nombreux restaurants, bars et boutiques pour touristes. Toutefois, les visiteurs bien informés leur préfèrent les nombreux cafés et bars qui ponctuent les rues situées derrière l'artère principale.

Clarke Quay (plan p. 44, B3 ; M Clarke Quay, Fort Canning). Le temps passé à Clarke Quay dépendra de vos critères esthétiques. Si vous aimez les couleurs pastel et les établissements fréquentés par une clientèle tapageuse, vous serez dans votre élément. Les amateurs d'élégance et de discrétion prendront leurs jambes à leur cou.

Robertson Quay (plan p. 44, A3 ; M Clarke Quay, Fort Canning). Quai le plus excentré, Robertson Quay servait autrefois au stockage des marchandises. Les anciens *godown* (entrepôts) ont été transformés en bars et en lieux de sortie très fermés. Le style, plus mûr que celui de Clarke Quay, attire une clientèle de trentenaires et plus qui préfère généralement les soirées mêlant vin, cuisine et conversation aux virées alcoolisées avec tubes à plein volume.

de 11h à 22h. (☎6538 9956 ; www.sataybythebay.com.sg ; Gardens by the Bay, 18 Marina Gardens Dr ; plats à partir de 4 $S ; horaires des étals culinaires variables, boissons 24h/24 ; M Bayfront)

Song Fa Bak Kut Teh CHINOIS $

18 PLAN P. 44, C4

Besoin de douceur ? Cet établissement culte saura vous apaiser avec son *bak kut teh* (littéralement, "thé aux os de viande"), des côtes de porc mitonnées dans un bouillon poivré à base d'herbes, d'épices et de gousses d'ail entières. Les côtes, dodues et sucrées, fondent dans la bouche et le personnel vous resservira volontiers en bouillon. (☎6533 6128 ; www.songfa.com.sg ; 11 New Bridge Rd ; plats 3,30-11,70 $S ; 9h30-21h30 lun-dim ; M Clarke Quay)

Prendre un verre

Smoke & Mirrors BAR

Cet élégant bar sur les toits (voir 11 plan p. 44, D3) possède la plus belle vue de Singapour. Perché au sommet de la National Gallery, cet établissement au milieu des gratte-ciel donne sur Marina Bay Sands (p. 46) et domine le Padang (p. 43). Arrivez avant le crépuscule pour siroter un verre à l'heure où la ville enfile sa tenue de soirée. Réservez. (☎9380 6313 ; www.smokeandmirrors.com.sg ; 06-01 National Gallery Singapore, 1 St Andrew's Rd ; 🕒15h-23h tlj ; Ⓜ City Hall)

28 HongKong Street

BAR À COCKTAILS

19 PLAN P. 44, C4

Cet établisssement joue à cache-cache dans une *shophouse* dépourvue d'enseigne des années 1960. Glissez-vous à l'intérieur de ce bar à l'éclairage tamisé et aux banquettes confortables, où des mixologues font des miracles avec le grog. Cocktails bien dosés et harmonieux, dont le “93 'til Infinity”, boisson fruitée avec pisco, ananas, citron vert et cyprès. Classiques vieillis en fûts, bières rares et en-cas savoureux finiront de vous convaincre. Réservations par e-mail à findus@28hks.com. (www.28hks.com ; 28 Hongkong St ; 🕒17h30-22h30 lun-sam ; Ⓜ Clarke Quay)

Zouk

CLUB

20 PLAN P. 44, B3

Après un adieu tonitruant à son ancienne adresse, ce club légendaire s'est installé à Clarke Quay. Il attire dans ce secteur animé certains des plus grands DJ de la planète, et des Singapouriens venus parader. C'est l'endroit parfait

Clarke Quay (p. 53)

pour se laisser aller. D'un côté, la discothèque principale, sur 2 niveaux, avec piste survoltée et lumières époustouflantes, et de l'autre, le Phuture, axé sur le hip-hop et recouvert de graffitis. (☎6738 2988 ; www.zoukclub.com ; 3C River Valley Rd ; femmes/hommes à partir de 30/35 $S remboursable en boissons ; 🕐Zouk 22h-3h mer, 22h-4h ven, 22h-4h sam, Phuture 22h-3h mer, 22h-2h jeu, 22h-4h ven et sam ; M Clarke Quay, Fort Canning)

The Landing Point

LOUNGE

21 PLAN P. 44, E5

En matière de *high tea* (goûter dînatoire), difficile de faire mieux que ce lounge légèrement guindé au bord de l'eau. Réservez (1 mois à l'avance pour le week-end, 1 semaine à l'avance le reste du temps), endimanchez-vous et arrivez l'estomac vide. Des théières fumantes de TWG vous y attendent avec des douceurs sublimes – sandwichs à l'œuf et à l'huile de truffe, quiches fondantes, petits pains tartinés de canard et de myrtilles et tartes au chocolat noir fourrées au caramel (☎6333 8388 ; www.fullertonhotels.com ; Fullerton Bay Hotel, 80 Collyer Quay ; *high tea* par adulte/-12 ans 60/30 $S lun-ven, 65/32,50 $S sam-dim ; 🕐12h-18h lun-ven, *afternoon tea* 15h-17h30 lun-ven, 12h-14h30 et 15h30-18h sam-dim ; 📶 ; M Raffles Place)

CÉ LA VI SkyBar

BAR

22 PLAN P. 44, G5

Juché sur la plateforme en porte-à-faux SkyPark, ce bar jouit d'un panorama à couper le souffle, sur l'horizon urbain et au-delà. Shorts, débardeurs et tongs sont proscrits après 18h. On vibre au son de DJ sets dès la fin de l'après-midi. Bon plan : un cocktail ici offre la même vue que depuis la terrasse d'observation du Skypark (p. 47), mais évite d'en payer les frais d'accès. (☎6508 2188 ; www.celavi.com ; Marina Bay Sands Hotel, tour 3, 57e niv, 10 Bayfront Ave ; 🕐16h-22h30 lun-ven, 12h-15h et 17h-22h30 sam, 12h-15h et 17h-21h dim ; M Bayfront)

Long Bar

BAR

23 PLAN P. 44, E2

C'est dans ce bar du Raffles Hotel, connu jusqu'à l'autre bout du monde, que Ngiam Tong Boon inventa en 1915 le fameux Singapore Sling. Après une restauration délicate, ce lieu inspiré des plantations coloniales a rouvert ses portes en septembre 2018. Heureusement, son cocktail fétiche n'a pas changé (la tradition de jeter ses coques de cacahuètes par terre non plus). (☎6412 1816 ; www.rafflessingapore.com ; Raffles Hotel, 1 Beach Rd ; 🕐15h-22h jeu-ven, 14h-22h sam-dim ; M City Hall, Esplanade)

Level 33

MICROBRASSERIE

24 PLAN P. 44, E6

Dans un pays obsédé par les points de vente uniques, celui-ci remporte la palme. Autoproclamée la plus haute "brasserie artisanale urbaine" du monde, le Level 33 brasse ses propres breuvages : *lager*, pale-ale, stout, porter et bière de froment. Il ne vous reste plus qu'à siroter votre boisson en admirant la vue époustouflante sur Marina Bay. (6834 3133 ; www.level33.com.sg ; Marina Bay Financial, tour 1, 33e niv, 8 Marina Blvd ; 11h30-22h30 lun-dim ; ; M Downtown)

Headquarters by the Council

CLUB

25 PLAN P. 44, C4

Ne vous laissez pas abuser par l'humble façade de cette *shophouse*. Des basses à peine audibles vous guideront jusqu'à un pilier orné de symboles en morse, puis vous arriverez dans un des clubs les plus en vogue de Singapour. Techno et house sont à l'honneur, avec une touche de disco, pour danser jusqu'à l'épuisement. (8751 7430 ; www.facebook.com/headquarters.sg ; 66 Boat Quay, 2e niv ; 22h-3h mer-ven, 22h-4h sam ; M Clarke Quay)

1-Altitude Rooftop Gallery & Bar

BAR

26 PLAN P. 44, D5

Coincé en face d'une terrasse triangulaire culminant à 282 m, ce bar à ciel ouvert est le plus haut perché du monde. La vue à 360° embrasse des tours vertigineuses, des édifices coloniaux et une mer fourmillant de bateaux. Entrée gratuite et martini à 10 $S pour mesdames le mercredi soir. Le jeudi, la soirée Get Busy Thursday programme des succès du hip-hop et du R&B. Habillez-vous correctement – messieurs, ni shorts ni chaussures ouvertes. (6438 0410 ; www.1-altitude.com ; 1 Raffles Pl, 63e niv ; 17h30-22h30 lun-ven, 16h30-22h30 sam, 15h-22h30 dim ; M Raffles Place)

Sortir

Singapore Symphony Orchestra

MUSIQUE CLASSIQUE

27 PLAN P. 44, D4

La salle de concerts néoclassique de l'Esplanade – Theatres on the Bay (1 800 places) accueille le très respecté orchestre symphonique de Singapour, également programmé au **Victoria Theatre & Concert Hall** (6908 8810 ; www.vtvch.com ; 10h-21h). Il s'y produit au moins une fois par semaine ; consultez le site Web ou **SISTIC** (p. 49), pour en savoir plus et réserver. Une billetterie existe sur place. Réductions pour les étudiants et seniors (plus de 55 ans) ; moins de 6 ans non admis. (6602 4245 ; www.sso.org.sg ; 01-02 Victoria Concert Hall, 9 Empress Pl ; billetterie 9h-18h30 lun-ven, 1h avant les concerts au Victoria Theatre & Concert Hall ; M Esplanade, City Hall)

Singlish, lah!

Si le *singlish* (anglais singapourien) ne possède pas de grammaire à proprement parler, il possède en revanche des caractéristiques définies. Les conjugaisons n'existent pas. De simples indicateurs suffisent à marquer passé, présent et futur. En *singlish*, on dira donc "*I go tomorrow*" ("Je aller demain") ou "*I go yesterday*" ("Je aller hier"). En outre, la dernière syllabe des expressions est accentuée.

Les mots se terminant par une consonne sont souvent syncopés et les voyelles déformées. Un chauffeur de taxi sinophone ne vous comprendra pas forcément si vous lui dites Perak Road – il le prononcera "*Pera Roh*".

Par ailleurs, les prépositions et pronoms sont omis, les expressions raccourcies et l'ordre des mots parfois inversé. Le débit et l'accentuation sont surprenants.

L'interjection "*lah*" vient souvent marquer l'insistance en fin de phrase. Les requêtes ou questions sont parfois accompagnées d'un "*question tag*", les interrogations directes étant considérées comme grossières. Par conséquent, les questions du type "*You wan beer or not?*" sont souvent perçues à tort comme familières par les Occidentaux, qui diraient plutôt "*Would you like a beer?*"

Pour plus de détails, consultez le Coxford Singlish Dictionary du site Web satirique **Talking Cock** (www.talkingcock.com).

TheatreWorks — THÉÂTRE

28 PLAN P. 44, A3

Cette compagnie théâtrale ayant pour directeur artistique l'énigmatique Ong Keng Sen compte parmi les plus expérimentales de Singapour. Mélange de créations singapouriennes et de collaborations internationales modernes, les représentations se tiennent au siège de la troupe, un ancien entrepôt de riz à la sortie de Robertson Quay. Consultez le calendrier sur le site Internet pour connaître la programmation. (☎6737 7213 ; www.theatreworks.org.sg ; 72-13 Mohamed Sultan Rd ; M Fort Canning)

Singapore Repertory Theatre — THÉÂTRE

29 PLAN P. 44, A3

Basé au KC Arts Centre, mais présentant aussi ses spectacles dans d'autres salles, le SRT monte aussi bien les classiques du répertoire international que les pièces singapouriennes contemporaines. Consultez le site Web pour connaître la programmation. (SRT ; 6221 5585, billetterie 6733 8166 ; www.srt.com.sg ; KC Arts Centre, 20 Merbau Rd ; M Fort Canning)

Crazy Elephant

MUSIQUE LIVE

30 PLAN P. 44, C3

Si le mot "crazy" vous met la puce à l'oreille, sachez qu'ici ce sont plus précisément vos tympans qui seront sollicités : ce bar viril et bruyant aux relents de bière attire une foule de touristes entre ses murs tagués. La musique va du rock au blues bien senti et lancinant. Happy hour jusqu'à 21h et concerts à partir de 21h du lundi au samedi, ou de 20h le dimanche. (6337 7859 ; www.crazyelephant.sg ; 01-03/04 3E River Valley Rd ; 18h-1h lun, 18h-2h mar-jeu, 17h-3h ven et sam, 17h-2h dim ; M Clarke Quay, Fort Canning)

Shoppes at Marina Bay Sands

Shopping

Raffles Hotel Gift Shop

CADEAUX & SOUVENIRS

31 PLAN P. 44, E2

Le nom laisse croire à un piège à touristes, mais cette boutique du Raffles Hotel propose des souvenirs de qualité pour tous les budgets : affiches hôtelières vintage, coussins en soie faits main, articles de papeterie estampillés *Raffles*, services à thé, produits de toilette... (6337 1886 ; www.rafflessingapore.com ; 1 Beach Rd ; 9h-20h ; M City Hall, Esplanade)

Shoppes at Marina Bay Sands

CENTRE COMMERCIAL

Escarpins Miu Miu, robes Prada, blazers Boggi Milano... Ce vaste temple de la mode (voir 4 plan p. 44, G5) mettra votre carte bancaire à rude épreuve. Ceux qui redoutent la foule d'Orchard Rd seront ravis d'apprendre que ce *mall* de luxe très coté est relativement peu fréquenté. Notez aussi le premier magasin Louis Vuitton sur l'eau, donnant sur Marina Bay. (6688 8868 ; www.marinabaysands.com ; 10 Bayfront Ave ; 10h30-23h dim-jeu, 10h30-23h30 ven et sam ; ; M Bayfront)

Shang Antique

ANTIQUITÉS

32 PLAN P. 44, A2

Des antiquités religieuses du Cambodge, du Laos, de Thaïlande, d'Inde et de Birmanie mais aussi des copies. Certains objets ont près de 2 000 ans (et le prix qui va avec). Les visiteurs au budget limité trouveront aussi d'anciens gongs en bronze, de magnifiques foulards en soie thaïlandais et des pots à riz décoratifs de Birmanie pour moins de 50 $S. (6388 8838 ; www.shangantique.com.sg ; 296 River Valley Rd ; 10h-20h30 ; M Fort Canning)

Concerts gratuits

Si vous rêvez d'un divertissement économique, l'Esplanade – Theatres on the Bay (p. 49) accueille des spectacles gratuits pendant la semaine, et le Singapore Symphony Orchestra (p. 56) se produit gratuitement aux Singapore Botanic Gardens (p. 126) tous les mois. Consultez le site pour plus d'infos.

Em Gallery

MODE, DÉCORATION

33 PLAN P. 44, E2

Basée à Singapour, la designer japonaise Emiko Nakamura embellit les élégantes de Marina Bay avec ses créations légères et sculptées. Elle collabore également avec des ethnies des montagnes du nord du Laos pour créer des tissages artisanaux aux teintures naturelles, tels que des sacs et des coussins. Elle propose aussi des séries limitées (à des prix raisonnables) de poteries khmères. (6475 6941 ; www.em.gallery ; 01-03 Raffles Hotel, Arcade, 328 North Bridge Rd ; 10h-19h lun-ven, 11h-19h sam-dim ; M City Hall)

廣安堂
飲茶酒樓
鴻閣素食
ODYSSEUS
NewMoon
Vehicles
Not

Explorer Chinatown et le CBD

Si le quartier chinois (Chinatown) de Singapour semble moins pittoresque que par le passé, il vaut encore le détour pour ses temples, son centre patrimonial ainsi que ses bars et restaurants en plein essor. Le quartier des affaires (Central Business District ou CBD) est surtout connu pour sa ligne d'horizon en perpétuelle évolution : les bars tendance perchés sur les toits-terrasses côtoient les sanctuaires anciens, au plus près du cœur financier de Singapour.

Notre sélection

- ***Chinatown Heritage Centre (p. 62)***. *L'étude des indicibles souffrances, des tentations dévastatrices et de l'incroyable ténacité des immigrants dont cette partie de la ville tire son nom.*
- ***Chinese Theatre Circle (p. 78)***. *Un salon de thé étonnamment décontracté où l'on rencontre des vedettes.*
- ***Ya Kun Kaya Toast (p. 74)***. *Un festin traditionnel à l'ancienne pour remplacer le petit-déjeuner à l'hôtel.*
- ***Burnt Ends (p. 71)***. *D'excellentes viandes grillées et une cuisine australienne moderne prisée, pour changer un peu d'horizon.*

Comment y aller et circuler

M Le centre du quartier chinois est desservi par la station de MRT Chinatown, sur Pagoda St. L'arrêt Telok Ayer est proche des bars et restaurants avoisinant Amoy St et Club St. Plus au sud, les stations Outram Park et Tanjong Pagar donnent accès à Duxton Hill. Pour le CBD, descendez à Raffles Place.

Plan du quartier p. 66

Marché de Chinatown PETER ADAMS/GETTY IMAGES ©

Les incontournables

Chinatown Heritage Centre

Le Chinatown Heritage Centre dévoile le passé chaotique, haut en couleur et souvent scandaleux de Chinatown. Il offre une traversée captivante des hauts et des bas du quartier, au fil d'un charmant fouillis de vieilles photographies, d'anecdotes et de reconstitutions. Voici qui devrait changer votre regard sur les rues de Chinatown, aujourd'hui tournées vers le tourisme.

PLAN P. 66, D2

6224 3928 ; 48 Pagoda St

www.chinatownheritage-centre.com.sg/

adulte/7-12 ans/-7 ans 18/14 $S/gratuit

9h30-18h30

M Chinatown

Du côté des tailleurs

Découvrez le Singapour d'autrefois au rez-de-chaussée, avec la reconstitution incroyablement détaillée de la boutique, de l'atelier et des appartements exigus d'un tailleur, logé avec famille et apprentis. Au début des années 1950, Pagoda St comptait une pléthore de ces habitations de quartier typiques.

La vie dans les *shophouses*

Le voyage dans le temps se poursuit au 1er étage. Parfaitement reconstituées à partir des souvenirs et des récits des anciens occupants, ces pièces (*cubicles*) minuscules dévoilent les logements délabrés où vivaient des coolies opiomanes, des femmes samsui placides et même une famille de 8 personnes ! L'ensemble constitue une évocation poignante des conditions de vie que connurent de nombreux habitants du quartier jusqu'au milieu du XXe siècle. Notez la vermine (factice !) dans chaque pièce.

Exposition sur les pionniers

Le dernier étage vous emmène sur les traces des téméraires émigrants chinois partis pour Singapour. À travers diverses expériences sensorielles, découvrez les coutumes, la cuisine et l'importance des réseaux familiaux. Nombre de néo-arrivants furent victimes des cercles de jeu et des vendeurs d'opium ; observez les pipes et jetons qui leur coûtèrent lucidité et économies. Vous n'aurez pas envie de finir dans la fascinante Sago Lane ("rue des morts"), dont les mouroirs recueillirent le dernier souffle de nombreux indigents.

★ À savoir

- Arrivez avant l'ouverture – le musée est si exigu qu'il vaut mieux éviter la foule.
- Consacrez au moins 1 heure 30 au musée, voire plus si vous êtes passionné d'histoire.
- Ouvrez vos narines – vous percevrez peut-être certaines odeurs du Chinatown de jadis.

✗ Une petite pause ?

Si vous arrivez avant l'ouverture, rejoignez les habitants au **Nanyang Old Coffee** (☎ 6221 6973 ; www.nanyangoldcoffee.com ; 268 South Bridge Rd ; petit-déj 4,30 $S, kopi 1,70 $S ; ⏲ 7h-18h30) pour un petit-déjeuner traditionnel avec pain grillé à la *kaya* (confiture de noix de coco), œufs baveux et *kopi*.

Savourez la cuisine locale dans le Chinatown Complex (p. 72), un lacis d'étals de rue. L'attente pour le Hong Kong Soya Sauce Chicken Rice & Noodle (p. 72), étoilé au Michelin, vaut la peine.

Gastronomie et temples à Chinatown

Naturellement, quand on songe aux fumeries d'opium, aux mouroirs et aux lupanars d'autrefois, Chinatown n'est plus qu'un pâle reflet de lui-même... Mais au-delà des souvenirs kitsch de Pagoda St, Temple St et Trengganu St se dévoile un quartier captivant, où la vie se poursuit, quasi inchangée depuis des générations.

La promenade :

Départ Chinatown Wet Market (M Chinatown)

Arrivée Telok Ayer St (M Telok Ayer)

Distance 1,3 km

Durée 1-2 heures, arrêts inclus

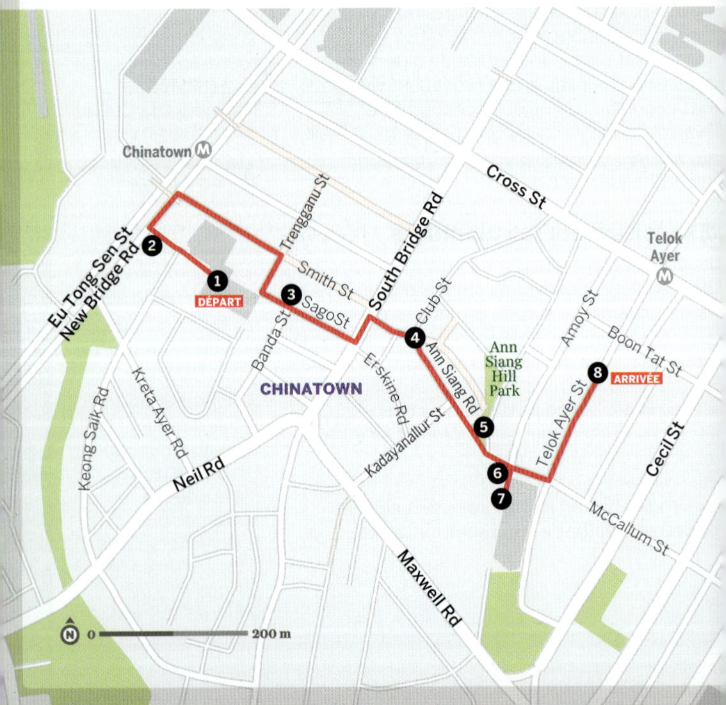

❶ Chinatown Wet Market

Venez jouer des coudes avec les vieilles dames au **marché alimentaire de Chinatown** (Sous-sol du Chinatown Complex, 335 Smith St ; ⌚8h-0h, horaires des stands variables), où l'on trouve fruits de mer, fruits et légumes exotiques, épices chinoises et conserves.

❷ Tiong Shian Porridge Centre

Si tout cela vous ouvre l'appétit, rendez-vous au **Tiong Shian Porridge Centre** (☎6222 3911 ; 265 New Bridge Rd ; porridge 3,80-22 $S ; ⌚8h-22h dim-lun, 8h-16h mar-mer, 11h-16h jeu-sam), un *kopitiam* à l'ancienne. Les meilleurs *congee* (porridges) sont celui avec un "œuf de cent ans" et du porc, et celui aux cuisses de grenouilles, cuit dans un pot en terre.

❸ Chop Tai Chong Kok

Offrez-vous des gâteaux de lune à la pâte de lotus chez **Chop Tai Chong Kok** (☎6227 5701 ; www.taichongkok.com ; 34 Sago St ; pâtisseries à partir de 1 $S ; ⌚9h30-18h lun, 9h30-20h mar-dim), une pâtisserie traditionnelle de 1938. Autrefois connue pour ses fabriques de sagou et ses lupanars, Sago St vend désormais de tout, de la viande grillée à la poterie.

❹ Ann Siang Rd et Club St

Non loin, Ann Siang Rd est une rue tendance, réputée pour ses maisons mitoyennes restaurées et ses bars, restaurants et boutiques branchés. Repérez les immeubles Art déco aux n°15, 17 et 21. Flânez aussi dans la rue adjacente, Club St, connue pour ses *shophouses* historiques et établissements à la mode.

❺ Ann Siang Hill Park

Le parc Ann Siang Hill, oasis de verdure auquel on accède par le haut d'Ann Siang Rd, est le point culminant de Chinatown. Suivez les allées pour redescendre vers Amoy St.

❻ Temple Siang Cho Keong

Le **temple Siang Cho Keong** (☎6324 4171 ; 66 Amoy St ; entrée libre ; ⌚8h-17h) est un petit sanctuaire taoïste, construit par la communauté hokkien en 1867-1869. À gauche de l'entrée, remarquez le "puits dragon" : jetez-y une pièce et faites un vœu.

❼ Coffee Break

Faites une pause au **Coffee Break** (www.facebook.com/coffeebreakamoystreet ; 02-78 Amoy Street Food Centre ; ⌚7h30-14h30 lun-ven, 9h30-14h30 sam), qui sert un bon vieux *kopi* (café) singapourien – enrichi d'une touche moderne (*latte* caramel et sel de mer) – ainsi qu'un thé au lait et au melon.

❽ Telok Ayer Street

En malais, *telok ayer* signifie "baie" : cette rue fut en effet une route côtière jusqu'aux travaux d'assèchement réalisés au XIXe siècle. Elle compte la mosquée Al-Abrar (1855), le temple Thian Hock Keng – plus ancien temple hokkien de Singapour ; remarquez la peinture murale patrimoniale à l'arrière – et le sanctuaire Nagore Durgha, une mosquée bâtie en 1828-1830 par des Chulias d'Inde du Sud.

A
B
C
D
1
2
3
4
5
6
Pearl's Hill Reservoir
Pearl's Hill City Park
Pearl's Hill Tce
People's Park Complex
8
Chinatown
Upper Cross St
34
19
Chinatown Heritage Centre
Mosque St
Pagoda St
Temple St
Eu Tong Sen St
New Bridge Rd
Trengganu St
Temple Sri Mariamman
7
Nam's Supplies
Smith St
33
20
13
Sago St
30
22
Buddha Tooth Relic Temple
Banda St
Sago La
2
South Bridge Rd
Spring St
Erskine Rd
Keong Saik Rd
Kreta Ayer Rd
CHINATOWN
10
29
Teck Lim Rd
12
Neil Rd
26
Maxwell Rd
Kadayanallur St
14
Chuan Rd
Keong Saik Rd
5
Singapore City Gallery
25
Tanjong Pagar Rd
Murray St
36
Duxton Hill
Murray Tce
Cook St
Neil Rd
32
Duxton Rd
28
1
Cantonment Rd
Pinnacle @Duxton
Craig Rd
TANJONG PAGAR
Tanjong Pagar Rd
21
Tras St
Peck Seah St
Nylon Coffee Roasters

E
F
G
H
0
200 m
Nos adresses
Les incontournables p. 62
Voir p. 68
Se restaurer p. 71
Prendre un verre p. 76
Sortir p. 78
Shopping p. 79
1
2
3
4
5
6
15
South Bridge Rd
Hokien St
Nankin St
Chin Chew St
China St
16
Pekin St
9
Kenko Wellness Spa
Cross St
Mohamed Ali La
Amoy St
Telok Ayer St
Club St
23
Telok Ayer
Cecil St
Market St
Robinson Rd
Boon Tat St
Ann Siang Hill
Ann Siang Rd
35
17
Fresque de Thian Hock Keng
3
4
Temple Thian Hock Keng
6
Singapore Musical Box Museum
Stanley St
Ann Siang Hill Park
27
24
18
11
McCallum St
Maxwell Link
Shenton Way
Telok Ayer Park
Maxwell Rd
31

Voir

Baba House

MUSÉE

1 PLAN P. 66, A5

Bâti dans les années 1890, ce charmant édifice bleu de 3 étages est l'une des maisons historiques peranakans les mieux préservées de Singapour. Un membre de la famille qui y vivait en fit don à la National University of Singapore (NUS). L'université entreprit de lui redonner la splendeur qui, selon la famille, culmina en 1928. Visite avec ou sans guide, mais réservation indispensable. À partir de 12 ans. (6227 5731 ; babahouse.nus.edu.sg ; 157 Neil Rd ; 10 $S ; visite 1 heure 10h mar-ven, sans guide 13h30, 14h15, 15h15 et 16h sam ; M Outram Park)

Buddha Tooth Relic Temple

TEMPLE, MUSÉE

2 PLAN P. 66, D3

Consacré en 2008, cet énorme temple bouddhique de 5 niveaux abriterait une canine du Bouddha, découverte dans les décombres d'un stupa (monument reliquaire bouddhiste) écroulé à Mrauk U, au Myanmar (Birmanie). Si son authenticité fait débat, la relique n'en est pas moins conservée à l'intérieur d'un stupa en or massif de 320 kg, dans une salle très ouvragée au 4e niveau. D'autres reliques sacrées vous attendent au musée du bouddhisme, au 3e niveau ; dans le paisible jardin sur le toit, le pavillon des 10 000 bouddhas renferme un énorme moulin à prières. (6220 0220 ; www.btrts.org.sg ; 288 South Bridge Rd ; entrée libre ; 7h-17h, accès à la relique 9h-17h ; M Chinatown)

Fresque de Thian Hock Keng

ART PUBLIC

3 PLAN P. 66, F3

Cette fresque de 44 m, peinte par le Singapourien Yip Yew Chong (comptable la semaine et artiste le week-end), raconte l'histoire des premiers immigrants hokkiens à Singapour. Elle décore l'extérieur du mur situé à l'arrière du temple Thian Hock Keng. Cette chronologie (à parcourir de droite à gauche) montre le voyage de ces Chinois venus à Singapour, témoignant des sacrifices, des épreuves et des moments de joie vécus en chemin. Percez les secrets de l'œuvre grâce à l'application LocoMole (instructions tout à gauche de la fresque). (www.yipyc.com ; Amoy St, mur arrière du temple Thian Hock Keng, 158 Telok Ayer St ; M Telok Ayer)

Temple Thian Hock Keng

TEMPLE

4 PLAN P. 66, F3

Ce temple hokkien a beau être le plus ancien et le plus important de Chinatown, il est souvent très paisible. Érigé entre 1839 et 1842, c'est un lieu de toute beauté, où accostaient jadis les marins chinois, avant que des travaux d'assèchement n'éloignent

Histoire de temples

Avant le temple Thian Hock Keng, un sanctuaire bien plus modeste se dressait sur le site. Les migrants chinois venaient y remercier Mazu, la déesse de la Mer, pour être arrivés sains et saufs. Leurs dons encouragèrent l'édification du temple actuel, dont le mur bas en granit servait jadis à retenir l'eau de la mer à marée haute. Dans l'aile droite du temple, au plafond, remarquez la statue d'un homme qui semble lever une poutre. Elle constitue un hommage aux immigrés indiens de Chulia St, la rue voisine, qui aidèrent à la construction du bâtiment. Pendant des travaux de restauration, en 1998, une poutre de la charpente révéla une surprise : un rouleau écrit par Guangxu, un empereur Qing, pour donner sa bénédiction aux Chinois de Singapour.

L'intérieur visité, n'oubliez pas de contourner le mur du fond sur Amoy St pour admirer la fresque de Thian Hock Keng (ci-contre).

la mer de la route. La décoration abonde en symboles : à l'entrée, les lions en pierre éloignent les esprits malins, tandis que les peintures figurant des phénix et des pivoines, dans la salle centrale, symbolisent respectivement la paix et les bons présages. (6423 4616 ; www.thianhockkeng.com.sg ; 158 Telok Ayer St ; entrée libre ; 7h30-15h30 lun-ven, 7h30-17h30 sam-dim ; M Telok Ayer)

Singapore City Gallery MUSÉE

5 PLAN P. 66, D4

Plongez dans le futur de Singapour en visitant cette fascinante exposition interactive dédiée à l'aménagement urbain, récemment réaménagée. Vous découvrirez la politique du gouvernement, résolu à développer la construction de hauts immeubles d'habitations, à poursuivre les travaux d'assèchement et à suivre un plan d'urbanisme très précis. Ne manquez pas la maquette du centre ville (11x11 m), en constante évolution. (6321 8321 ; www.ura.gov.sg/citygallery ; URA Center, 45 Maxwell Rd ; entrée libre ; 9h-17h lun-sam ; M Chinatown, Tanjong Pagar)

Singapore Musical Box Museum MUSÉE

6 PLAN P. 66, F4

Parcourez l'histoire de la musique au son des mélodies sublimes de ces boîtes à musique anciennes, deux fois centenaires pour certaines. Comparez le mécanisme interne des toutes premières boîtes, assez basiques, à celui des boîtes grand format et multi-instrumentales. L'une d'entre elles, destinée au *Titanic*, manqua l'embarquement ! Les visiteurs

Panoramas et HLM

Pour profiter d'une vue époustouflante à petit prix de 6 $S, montez au 50e étage et gagnez le toit-terrasse du **Pinnacle@Duxton** (plan p. 66, A5 ; 8683 7760 ; www.pinnacleduxton.com.sg ; Block 1G, 1 Cantonment Rd ; 9h-21h ; M Outram Park), le plus grand immeuble de logements sociaux du monde. Des passerelles aériennes relient les sept tours, offrant un panorama à 360° sur la ville, le port et la mer, tandis que les parcelles de pelouse, le mobilier urbain et les transats invitent à la détente. Facile à manquer, la billetterie se situe au 1er niveau du Block G. Après vous être acquitté des frais d'entrée et avoir enregistré votre carte de transports Ez-Link, vous prendrez l'ascenseur et validerez votre carte (une fois dans le tourniquet !).

plus âgés apprécieront les airs d'autrefois, tandis que les jeunes seront fascinés par l'apparence du premier iPod. (6221 0102 ; www.singaporemusicalboxmuseum.org ; 168 Telok Ayer St ; visite 40 min 12 $S/pers, -6 ans gratuit ; 10h-17h lun et mer-sam, visites 10h, 11, 14h, 15h et 16h ; M Telok Ayer).

Temple Sri Mariamman

TEMPLE HINDOU

7 PLAN P. 66, D2

L'emplacement au cœur de Chinatown est inattendu pour le plus vieux temple hindou de Singapour, bâti en 1823 puis reconstruit en 1843. Au-dessus de l'entrée, le fabuleux *gopura* (tour) aux couleurs vives, construit dans les années 1930, est caractéristique du style dravidien des temples d'Inde du Sud. Des sculptures de vaches sacrées ornent les murs d'enceinte, tandis que le *gopura* est agrémenté de statues kitsch de Brahma en Créateur, de Vishnu en Protecteur et de Shiva en Destructeur. (6223 4064 ; smt.org.sg ; 244 South Bridge Rd ; permission photos/vidéos 3/6 $S ; 7h-11h30 et 18h-20h30 ; M Chinatown)

People's Park Complex

MASSAGES

8 PLAN P. 66, B1

Parfumé de Baume du Tigre, le plus ancien *mall* de Singapour est réputé pour ses lieux de massage bon marché. Chez **Mr Lim Foot Reflexology** (6327 4498 ; réflexologie plantaire 20 min 10 $S ; 10h30-22h), vous côtoierez les habitués, au rendez-vous pour un massage vigoureux. Les téméraires testeront la *fish pedicure*, où de petits poissons débarrassent vos pieds de leurs peaux mortes. (www.peoplesparkcomplex.sg ;

1 Park Cres ; 11h-21h30, horaires des magasins variables ; M Chinatown)

Kenko Wellness Spa

SPA

9 PLAN P. 66, E2

Présente dans toute la ville, cette chaîne propose réflexologie plantaire et énergique massage Kenko (la variante suédoise est plus douce). (6223 0303 ; 199 South Bridge Rd ; réflexologie 40 min 59 $S, massage du corps 1 heure 120 $S ; 11h-20h ; M Chinatown)

Se restaurer

Burnt Ends

BARBECUE $$$

10 PLAN P. 66, B4

Le comptoir de ce bastion de la cuisine australienne moderne offre une vue directe sur les énormes fours à bois et grils du chef Dave Pynt. Cet affable Australien s'est formé à l'Asador Etxebarri, auprès du roi du barbecue Victor Arguinzoniz. Cela se ressent dans son épaule de porc effilochée dans une brioche maison, ou dans sa confiture de bœuf et de pickels sur un pain au levain grillé. (6224 3933 ; www.burntends.com.sg ; 20 Teck Lim Rd ; plats 8-55 $S ; 11h45-15h et 18h-23h mar-sam, 18h-23h lun ; M Chinatown, Outram Park)

A Noodle Story

NOUILLES $$

11 PLAN P. 66, F4

Comme en témoignent la file sinueuse et le message prévenant qu'"une rupture de stock peut avancer l'heure de fermeture" à l'entrée, l'unique plat de cette échoppe attire les gourmands

Pinnacle@Duxton

JAKUB BUZA/SHUTTERSTOCK ©

du coin. Ces *ramen* à la mode de Singapour, à mi-chemin entre nouilles japonaises et nouilles *wonton mee*, ont été créés par 2 jeunes chefs : Gwern Khoo et Ben Tham. Servis dans un bol avec crevettes enrobées de pomme de terre croustillante. (9027 6289 ; www.facebook.com/ANoodleStory ; 01-39 Amoy Street Food Centre, angle Amoy St et Telok Ayer St ; nouilles 8-15 $S ; 11h15-13h30 et 17h15-19h00 lun-ven, 11h-13h15 sam ; M Telok Ayer)

Maxwell Food Centre HAWKER $

12 PLAN P. 66, D4

Une bonne adresse pour découvrir la cuisine de rue. Quelques enseignes ont depuis longtemps pignon sur rue : **Tian Tian Hainanese Chicken Rice** (riz au poulet à partir de 3,50 $S ; 10h-19h30 mar-dim), **Rojak, Popiah & Cockle** (popiah 1,50 $S, rojak 3-8 $S ; 12h-22h jeu-mar) et, depuis peu, **Lad & Dad** (9247 7385 ; www.facebook.com/ladanddadsg ; plats 8-18 $S ; 12h-14h et 17h30-21h mar-sam) avec sa cuisine britannique. (angle Maxwell Rd et South Bridge Rd ; plats 2,50-12 $S ; 8h-2h, horaires des stands variables ; ; M Chinatown)

Chinatown Complex HAWKER $

13 PLAN P. 66, C3

Laissez donc la "rue gastronomique de Chinatown" (Smith St) aux touristes et rejoignez les fins gourmets d'ici ou d'ailleurs dans ce complexe labyrinthique tout proche, récemment rénové. On y trouve désormais le **Hong Kong Soya Sauce Chicken Rice & Noodle** (Hawker Chan Soya Sauce Chicken Rice & Noodle ; www.facebook.com/hawkerchanSG ; plats 2-3 $S ; 10h30-15h30 lun-sam), un stand ambulant étoilé au Michelin. À vous de décider si les 2 heures d'attente en valent la peine. Parmi les délices vedettes du site, citons également le *mixed claypot rice* de **Lian He Ben Ji Claypot Rice** (6227 2470 ; plats 2,50-5 $S, claypot rice 5-20 $S ; 16h30-22h30 ven-mer) et les onctueuses *satay* (brochettes de viande) au goût de noix de **Shi Xiang Satay** (10 brochettes 6 $S ; 12h30-20h30 mar-dim). (335 Smith St ; plats à partir de 1,50 $S ; horaires des stands variables ; M Chinatown)

Butcher Boy FUSION $$$

14 PLAN P. 66, B4

Les viandards chériront ce grill occupant une *shophouse* mal éclairée pour les créations d'influence asiatique d'Andrew Walsh. Chef et propriétaire du lieu, il tenait auparavant l'**Esquina** (6222 1616 ; www.esquina.com.sg), paradis des tapas. Ne ratez pas sa tendre noix d'entrecôte d'Angus noir, grillée à la perfection. Le chou-fleur rôti au *masala* ravira les végétariens. Prolongez la soirée avec des cocktails bien chargés.

Hawker centres : mode d'emploi

Riz au poulet parfumé, *satay* aux noix, *rojak* (salade) sucrée salée, raie grillée et épicée au *sambal* : la cuisine des *hawker centres* de Singapour est légendaire, et des chefs légendaires tels qu'Anthony Bourdain et Johnny Apple (qui écrit pour le *New York Times*) ont loué leur éblouissante variété de plats délicieux et bon marché. C'est avant tout par la cuisine que l'on découvre l'esprit de Singapour : remontez vos manches, suivez ces consignes et préparez-vous à transpirer devant des plats fumants de solides spécialités locales.

- Il faut d'abord vous trouver une place, surtout s'il y a du monde. L'un de vous surveillera votre table ; à défaut, "marquez" (*chope*) votre chaise en y déposant un paquet de mouchoirs. Il est normal de partager sa table avec des inconnus, surtout si aucune n'est libre.

- Retenez l'éventuel numéro de votre table pour que les restaurateurs puissent vous faire parvenir votre nourriture.

- Si un panneau indique "self-service", cela indique l'absence de service à table : vous devrez aller chercher votre repas.

- Ignorez les rabatteurs vous invitant à vous asseoir et vous présentant leur menu.

- Votre repas fini, il est d'usage de ramener votre plateau, même si de rares agents d'entretien récupèrent vos assiettes vides.

Happy hour de 17h à 19h tous les jours, et comptoir idéal pour prendre un verre ou dîner en solo. (☎6221 0668 ; www.butcherboy.com.sg ; 31 Keong Siak Rd ; plats 20-90 $S ; ⏰17h-22h30 mar, 12h-15h et 17h-22h30 mer-sam, 12h-16h et 17h-21h dim ; Ⓜ Chinatown, Outram Park)

Neon Pigeon JAPONAIS $$$

15 PLAN P. 66, E1

Cet *izakaya* (bistro japonais) décoré de graffitis propose d'appétissantes assiettes à partager à base de produits frais ainsi que des cocktails. Goûtez le moelleux *bao teriyaki* de crabe en mue au maïs, à l'avocat et au poivre noir, l'houmous de Tokyo aux *edamame* avec frites au curry, et les côtes levées fumées, accompagnées de sauce barbecue au saké. Six petits plats suffisent généralement pour deux convives. Les cocktails méritent une dégustation. (☎6222 3623 ; www.neonpigeonsg.com ; 36 Carpennter St ; petits plats 10-28 $S, grands plats 16-48 $S ; ⏰11h30-14h30 et 17h30-22h30 ; 📶 ; Ⓜ Clarke Quay, Chinatown)

Ya Kun Kaya Toast

CAFÉ $

16 PLAN P. 66, F2

Aujourd'hui membre d'une chaîne, cette institution rétro reste le lieu idéal pour commencer la journée à la mode singapourienne. La spécialité est le toast beurré au *kaya* (confiture de noix de coco), à tremper dans des œufs à la coque (ajoutez du poivre blanc et quelques gouttes de sauce soja), le tout avec un *kopi* fort. Des affiches humoristiques singapouriennes dérident les clients. (☎6438 3638 ; www.yakun.com ; 01-01 Far East Sq, 18 China St ; formule avec toast au *kaya* 4,80 $S, kopi 1,80 $S ; 7h30-16h30 lun-ven, 7h30-15h dim ; M Telok Ayer)

The Coconut Club

MALAIS $$

17 PLAN P. 66, E3

Ce restaurant de *nasi lemak*, mets typique de la cuisine malaise (le riz est cuit dans le lait de coco), utilise uniquement la noix de coco MAWA, une espèce hybride de Malaisie et d'Afrique de l'Ouest. Poulet ultracroustillant à la citronnelle, au gingembre et au *galanga* parfumés. Le *sambal* (sauce avec piment frit, oignons et pâte à la crevette), en revanche, est un peu fade. Gardez de la place pour le *cendol*, un dessert frais. (☎6635 2999 ; www.thecoconutclub.sg ; 28 Ann Siang Rd ; plats 13,80-16,80 $S ; 11h-15h lun, 11h-15h et 18h-21h30 mar-dim ; M Chinatown, Telok Ayer)

Lau Pa Sat

HAWKER $

18 PLAN P. 66, H4

Le Lau Pa Sat, "vieux marché" en hokkien – un nom justifié puisque la structure en fer n'a pas bougé depuis son expédition par bateau depuis Glasgow en 1894 – est le rendez-vous des travailleurs du CBD, qui raffolent des nouilles aux boulettes de poisson et du riz au poulet façon *hawker centre*. Le soir, en face, Boon Tat St devient la célèbre **Satay Street** (brochettes satay 0,70 $S environ ; 19h-1h lun-ven, 15h-1h sam-dim). (18 Raffles Quay ; plats à partir de 4 $S ; 24h/24, horaires des stands variables ; M Telok Ayer, Raffles Place)

Red Star

CHINOIS $$

19 PLAN P. 66, C1

Les *aunties* foncent avec leurs chariots dans cette adresse classique, parfaite pour un *yum cha* (ou dim sum) à la mode de Hongkong. Guettez le bao au porc et le *liu sha bao* (une brioche moelleuse remplie d'une crème salée à base de jaune d'œuf). Niché au 7e étage d'un immeuble de logements sociaux : guettez les panneaux rouges. (☎6532 5266 ; www.redstarrestaurant.com.sg ; 7e niv, 54 Chin Swee Rd ; *yum cha* à partir de 3,50-8 $S ; *yum cha* 8h-15h lun-sam, 7h-15h dim, dîner 18h-22h lun-dim ; M Chinatown)

Ci Yan Organic Vegetarian Health Food

VÉGÉTARIEN $

20 PLAN P. 66, D3

Avec sa cuisine excellente, son gérant chaleureux et son ambiance informelle, cet établissement est parfait pour un repas végétarien sans façons au cœur de Chinatown. Le menu comporte généralement cinq ou six plats (lors de notre passage, nous avions le choix entre la délicieuse formule à base de riz brun et un minestrone, le *laksa* de Penang végétarien et le tofu aux amandes), inscrits chaque jour sur une ardoise noire. (☎6225 9026 ; www.facebook.com/ciyanveg ; 8-10 Smith St ; plats 4-9 $S ; 🕐12h-22h tlj ; 🥕 ; Ⓜ Chinatown)

Ginza Tendon Itsuki

JAPONAIS $

21 PLAN P. 66, C6

La vie offre peu de certitudes, hormis la mort, les impôts... et la file d'attente devant ce restaurant de *tendon* (tempura sur lit de riz). Votre patience sera récompensée par de bruyants *irrashaimase !* ("bienvenue") et des bols généreusement garnis d'une cuisine japonaise roborative. Cuits à la perfection et arrosés d'une sauce soja sucrée, tempura et riz sont accompagnés de *chawanmushi* (crème renversée à la mode japonaise), de soupe miso et de légumes marinés. Une aubaine, à régler en espèces. (☎6221 6678 ; 101 Tanjong Pagar Rd ; plats

Ya Kun Kaya Toast (p. 74)

17-21 $S ; 11h30-22h tlj ; ; M Tanjong Pagar)

Tong Heng

BOULANGERIE $

22 PLAN P. 66, D3

Cette pâtisserie de longue date fait mouche avec ses tartelettes et gâteaux de la province de Guangdong, en Chine méridionale. Les gens du coin y affluent à raison pour ses tartelettes aux œufs fondantes en forme de diamant. Gardez de la place pour le *char siu su* (bouchée au porc cuit au barbecue), légèrement grillé, parfait. Attention, on devient vite accro ! (6223 3649 ; www.tongheng.com.sg ; 285 South Bridge Rd ; en-cas à partir de 1,90 $S ; 9h-18h tlj ; M Chinatown)

Prendre un verre

Employees Only

BAR À COCKTAILS

23 PLAN P. 66, F2

Cet avant-poste d'un célèbre bar à cocktails new-yorkais du même nom amène un peu de l'ambiance des grandes villes américaines à Singapour. Large éventail de boissons innovantes. La puissance des cocktails (préparés sans doseur ; à ne pas sous-estimer !) vous fera un peu oublier leurs prix exorbitants. L'entrée est indiquée par une enseigne au néon rose "psychic", façon diseuse de bonne aventure. (employeesonlysg.com ; 112 Amoy St ; 16h-22h20 lun-dim ; M Telok Ayer)

Native

BAR

24 PLAN P. 66, F4

Ce bar caché entre tous ses concurrents d'Amoy St a été

Everton Park HDB

En général, au rez-de-chaussée des immeubles de logements sociaux de Singapour (gérés par le HDB, Housing and Development Board), les personnes âgées bavardent tandis que les enfants s'amusent. À Everton Park, vous croiserez également des amateurs de café dernier cri. Le **Nylon Coffee Roasters** (plan p. 66, A6 ; 6220 2330 ; www.nyloncoffee.sg ; 4 Everton Park, 01-40 ; 8h30-16h mer-ven, 9h-16h30 sam-dim ; M Outram Park, Tanjong Pagar), à la fois café et torréfacteur (pas de places assises), est tenu par une équipe infatigable et sympathique de spécialistes du café qui s'approvisionnent directement chez les producteurs. Everton Park se situe à 500 m au sud de la station de MRT Outram Park. Entrez par Cantonment Rd, juste en face du complexe à sept tours de Pinnacle@Duxton (p. 70).

créé par le talentueux barman Vijay Mudaliar. Ses breuvages, des spiritueux sud-asiatiques comme le rhum de Thaïlande et l'arak du Sri Lanka mélangés à des ingrédients dénichés sur place, font parler d'eux, et devraient vous surprendre. (8869 6520 ; www.tribenative.com ; 52A Amoy St ; 18h-0h lun-sam ; M Telok Ayer)

Tippling Club — BAR À COCKTAILS

25 PLAN P. 66, C4

L'art du cocktail atteint ici des sommets vertigineux, avec un savoir-faire et une créativité propres à convertir les plus sobres. Nous recommandons de commencer par le menu *Dreams & Desires* et ses ours en guimauve imbibés d'alcool : un bon aperçu de ce que le Tippling vous réserve. Mention spéciale au Beauty, à base de champagne, servi avec un sorbet cerise en forme de rouge à lèvres. (6475 2217 ; www.tipplingclub.com ; 38 Tanjong Pagar Rd ; 12h-15h et 18h-tard lun-mar et jeu-sam ; M Tanjong Pagar)

Tea Chapter — TEA HOUSE

26 PLAN P. 66, C4

La reine Élisabeth et le prince Philip ont fait halte dans cette paisible maison de thé en 1989 – asseyez-vous à la même table pour 10 $S. Commandez un sublime *teapot* de thé en vrac, préparé avec un soin tout traditionnel (à partir de 8 $S/pers). Le choix est vaste. Vous trouverez du thé et une magnifique sélection de services à thé dans la boutique contiguë.

Pour une expérience mémorable, réservez une formule spéciale (à partir de 70 $S pour 2 pers) : le "fragrance and aroma" ou le "shades of tea", et devenez maître du thé. (6226 1175 ; www.teachapter.com ; 9 Neil Rd ; salon de thé 11h-21h dim-jeu, 11h-22h30 ven et sam, boutique 10h30-21h dim-jeu, 10h30-22h30 ven et sam ; M Chinatown)

Vendeurs de bière ambulants

Allez trinquer avec les habitants au Chinatown Complex (p. 72), où quelques fournisseurs de bière artisanale tendance, tels que Smith Street Taps (p. 78), ont ouvert leur stand près de quelques-unes des meilleures adresses de restauration de la ville. Les *satays* de Shi Xiang Satay (p. 72), non loin, accompagnent le houblon à la perfection. Si le centre semble fermé, ne faites pas demi-tour : consultez le plan en haut de l'escalator, localisez les stands et joignez-vous à la fête.

Spiffy Dapper — BAR À COCKTAILS

27 PLAN P. 66, E4

Une fois repérée l'enseigne du Dapper Coffee, montez les marches et franchissez les portes sculptées du Spiffy. Choisissez l'un des cocktails classiques à la carte ou laissez les barmen vous surprendre

– les amateurs de gin apprécieront la légendaire sélection de crus du lieu. (☎8742 8908 ; www.spiffydapper.com ; 73 Amoy St ; 17h-tard lun-ven, 18h-tard sam-dim ; M Telok Ayer)

Smith Street Taps STAND À BIÈRES

Logé dans un *hawker centre* du Chinatown Complex (voir **13** plan p. 66, C3), ce stand offre un excellent choix de bières artisanales à la pression du monde entier. Quelques étals de restauration restent ouverts au fond du marché, ce qui crée un peu une ambiance de quartier. Les assiettes de brochettes fumantes de chez Shi Xiang Satay (p. 72) accompagnent très bien la boisson. Dernières commandes 15 minutes avant la fermeture.

Good Beer Company (02-58 Chinatown Complex ; 18h30-22h30 lun-sam), le stand jumelé, vend des bières en bouteille. (☎8853 8535 ; www.facebook.com/smithstreettaps ; 02-62 Chinatown Complex, 335 Smith St ; 17h30-21h30 mar-ven, 14h-21h30 sam ; M Chinatown)

Taboo CLUB LGBT

28 PLAN P. 66, C5

Le club gay numéro un de la ville vous invite à conquérir sa piste de danse. Attendez-vous à la clientèle habituelle d'hommes torse nu et de groupies hétéros. Des soirées coquines ont lieu régulièrement. Dès minuit, la piste s'enflamme et les basses résonnent jusqu'au petit matin. (☎6225 5069 ; www.taboo.sg ; 57 Duxton Rd ; 11h-23h lun-ven, 15h-23h sam ; M Outram Park, Chinatown)

Potato Head Singapore BAR À COCKTAILS

29 PLAN P. 66, B4

Petit cousin du légendaire bar balinais, ce formidable terrain de jeu sur plusieurs niveaux comprend trois espaces, accessibles par une cage d'escalier en damier au décor très original. Passez le restaurant de burgers Three Buns pour rejoindre directement le Studio 1939, un bar à cocktails sombre et glamour, ou le frivole bar exotique sur le toit. (☎6327 1939 ; potatohead.co/singapore ; 36 Keong Saik Rd ; Studio 1939 et bar sur le toit 17h-0h lun-jeu, 16h-0h ven-dim ; ; M Outram Park)

Sortir

Chinese Theatre Circle OPÉRA CHINOIS

30 PLAN P. 66, D3

Les soirées "maisons de thé" de cette association pour l'opéra constituent une excellente introduction à l'opéra chinois. Tous les vendredis et samedis à 20h, un court exposé est suivi par un extrait de 45 minutes d'un classique du genre, interprété par des artistes en costumes. On peut aussi opter pour un repas chinois avant le spectacle, à 19h. Il faut réserver bien à l'avance. (☎6323 4862 ; www.ctcopera.com ; 5 Smith St ; spectacle et en-cas 25 $S, spectacle et dîner 40 $S ; 19h-21h ven et sam ; M Chinatown)

Singapore Chinese Orchestra

MUSIQUE CLASSIQUE

31 PLAN P. 66, G6

Toute l'année, dans le SCO Concert Hall et d'autres salles en ville, le SCO donne des concerts de musique classique chinoise utilisant des instruments traditionnels comme le *liuqin*, le *ruan* et le *sanxian*. Il collabore aussi occasionnellement avec des musiciens de jazz. Billets en vente auprès de SISTIC (p. 49) ou à la billetterie située sur place. Programmation disponible sur le site Internet. (SCO ; 6557 4034 ; www.sco.com.sg ; Singapore Conference Hall, 7 Shenton Way ; billetterie 10h-18h30 lun-ven, 18h-20h30 quand le SCO se produit ; M Tanjong Pagar, Downtown)

Shopping

Tong Mern Sern Antiques

ANTIQUITÉS

32 PLAN P. 66, B5

Véritable caverne d'Ali Baba débordant de meubles, de livres, de disques, de sculptures en bois, de porcelaine et de bibelots en tout genre. Un étonnant voyage dans la Singapour d'autrefois ! Une bannière placée devant la porte indique : "Nous achetons des vieilleries et vendons des antiquités. Des fous achètent. D'autres vendent." Ne perdez pas la tête ! (6223 1037 ;

Potato Head Singapore

PHANTOMM/SHUTTERSTOCK ©

Des papiers pour les morts

Les articles en papier en vente à Chinatown – des voitures miniatures aux ordinateurs – sont des offrandes destinées à être brûlées pendant les veillées funèbres pour assurer la prospérité des défunts. **Nam's Supplies** (plan p. 66, D3 ; 6324 5872 ; www.facebook.com/namssupplies ; 22 Smith St ; 8h-19h tlj ; M Chinatown) en vend depuis 1948. Sago Lane, une ruelle voisine, comptait jadis de nombreux "mouroirs", où les personnes âgées sans ressources venaient finir leurs jours.

www.tmsantiques.com ; 51 Craig Rd ; 9h-17h30 lun-sam, 13h30-17h30 dim ; M Outram Park)

Anthony the Spice Maker ÉPICES

Pour retrouver les arômes et les saveurs de Singapour chez vous, direction cette minuscule échoppe du Chinatown Complex (voir **13** plan p. 66, C3). De puissantes épices sont enfermées dans de petits sacs bien hermétiques, alignés en rangées uniformes. Anthony sera ravi de vous guider dans votre choix ; nous recommandons le mélange pour viandes *rendang*. (9117 7573 ; www.anthonythespicemaker.com ; B1-169 Chinatown Complex, 335 Smith St ; 10h-13h mar-sam ; M Chinatown)

East Inspirations ANTIQUAIRE

33 PLAN P. 66, D3

Ce commerce n'est pas avare en figurines et bibelots anciens, et propose aussi quelques meubles. Remarquez les magnifiques broderies Manchu de ses chaussures de mariée. (6323 5365 ; www.east-inspirations.com ; 256 South Bridge Rd ; 10h30-18h30 tlj ; M Chinatown)

Eu Yan Sang SANTÉ, BIEN-ÊTRE

34 PLAN P. 66, D1

La boutique de médecine chinoise la plus célèbre et la plus conviviale de Singapour vend toutes sortes de remèdes traditionnels : poudre de bézoard de singe pour faciliter l'expectoration, cachets Liu Jun Zi pour mieux supporter l'humidité, infusions, soupes et huiles diverses. On peut consulter un praticien à la clinique voisine (apportez votre passeport). (6222 0372 ; www.euyansang.com.sg ; B1-35 Chinatown Point, 133 New Bridge Rd ; 10h-21h ; M Chinatown)

innit MODE, ACCESSOIRES

35 PLAN P. 66, E3

Les fashionistas singapouriennes s'arrachent les tissus fluides et les plissés parfaits de ce créateur thaïlandais. Les vêtements sont de grande qualité, faciles à assortir. (9781 7496 ; www.innitbangkok.com ; 13 Ann Siang Hill ; 11h-20h tlj ; M Chinatown, Telok Ayer)

Anthony the Spice Maker

Dustbunny Vintage

VINTAGE

36 PLAN P. 66, B4

Ce vétéran du vintage a déménagé à Chinatown. Sa subtile collection de robes, sacs à main et accessoires en fait un passage obligatoire pour les visiteurs en quête d'articles de designer à bon rapport/qualité prix. Pia, la propriétaire, se fera une joie de vous aider à trouver votre bonheur. Sur rendez-vous. (☎6222 0116 ; dustbunnyvintage.com ; 2A Keong Saik Rd ; ⏰12h30-20h30 lun-sam sur rdv uniquement ; M Outram Park)

Promenade à pied

Matinée flâneuse à Tiong Bahru

Le week-end, consacrez une matinée à Tiong Bahru, à 3 arrêts de Raffles Place sur la ligne verte du MRT. Au-delà de ses boutiques, bars et cafés tendance, ce secteur aux bâtiments peu élevés a été le premier quartier de logements sociaux à Singapour. Il révèle désormais, avec ses édifices Art déco, de jolies surprises architecturales.

La promenade :

Départ Tiong Bahru Market (M Tiong Bahru)

Arrivée We Need A Hero (M Tiong Bahru)

Distance 1,5 km

Durée 1-2 heures

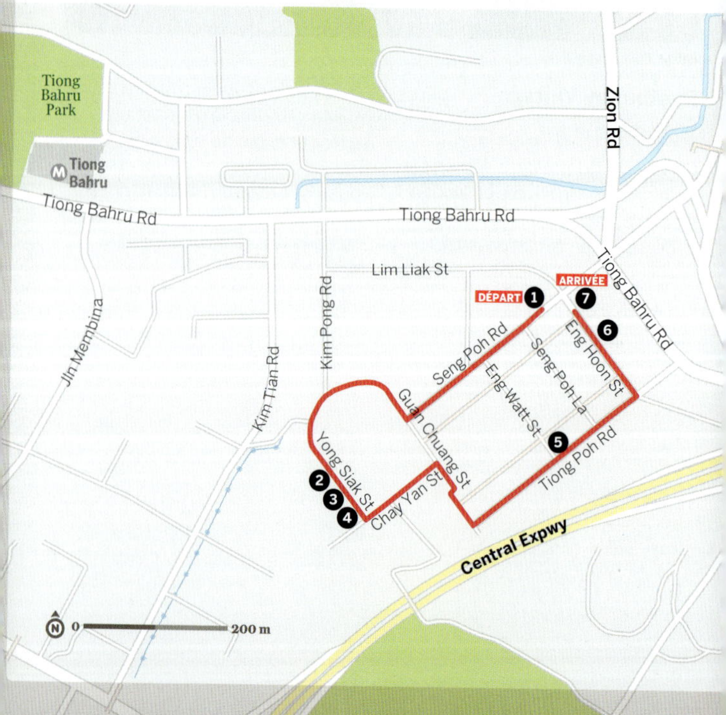

❶ Tiong Bahru Market

L'appétit aiguisé par les produits frais du **Tiong Bahru Market & Food Centre** (83 Seng Poh Rd ; plats à partir de 3 $S ; ⌚6h-tard, horaires des stands variables), octroyez-vous un *shui kueh* (gâteau de riz vapeur surmonté de radis émincés) chez **Jian Bo Shui Kueh** (www.jianboshuikueh.com ; 02-05 Tiong Bahru Market & Food Centre, 5 shui kueh 3,20 $S ; ⌚5h30-22h), dans son *hawker centre* situé à l'étage.

❷ L'encre et le papier

Woods in the Books (☎6222 9980 ; www.woodsinthebooks.sg ; 3 Yong Siak St ; ⌚10h-18h dim et lun, 10h-19h mar-sam) propose de très beaux livres pour enfants.

❸ Nana & Bird

Nana & Bird (www.nanaandbird.com ; 1M Yong Siak St ; ⌚11h-19h lun-ven, 10h-18h sam-dim), à la base un *concept store* temporaire, est une mine d'articles et accessoires de mode pour femmes. Marques modernes et indépendantes, dont les singapouriennes Aijek et Rye.

❹ Plain Vanilla Bakery

Si les gâteaux avec glaçage vous font saliver, direction **Plain Vanilla Bakery** (☎8363 7614 ; www.plainvanillabakery.com ; 1D Yong Siak St ; cupcakes à partir de 4,20 $S ; ⌚8h-19h lun-dim). Ancienne avocate, Vanessa Kenchington a ouvert ce café-pâtisserie où elle sert de succulents cupcakes. Parmi les parfums, Earl Grey à la lavande.

❺ Ah Chiang's

Anciens et plus jeunes viennent savourer une cuisine *soul food* cantonaise chez **Ah Chiang's** (☎6557 0084 ; www.facebook.com/ahchiangporridgesg ; 01-38, 65 Tiong Poh Rd ; porridge 4,5-7,5 $S ; ⌚6h15-22h). Ce *kopitiam* (café) d'angle rétro a pour vedette un délicieux porridge parfumé cuit au charbon de bois.

❻ Tiong Bahru Bakery

C'est au Français Gontran Cherrier que l'on doit cette boulangerie. La **Tiong Bahru Bakery** (☎6220 3430 ; www.tiongbahrubakery.com ; 01-70, 56 Eng Hoon St ; pâtisseries 4,20-6,50 $S, sandwichs 7,10-12,80 $S ; ⌚7h30-20h) propose d'impeccables pâtisseries, dont un kouign-amann qui se marie superbement avec un café de chez Common Man Coffee Roasters.

❼ We Need a Hero

Messieurs, prenez place au **We Need A Hero** (☎6222 5590 ; www.weneedahero.sg ; 01-86, 57 Eng Hoon St ; coupe à partir de 60 $S, barbe à partir de 35 $S ; ⌚11h-21h lun-ven, 10h-21h sam, 10h-20h dim) et laissez le personnel user de ses super-pouvoirs pour faire de vous un homme fringant en un rien de temps.

MEDITERRANEAN
JAMAL KAZURA
AROMATICS

Explorer

Little India et Kampong Glam

Little India rappelle le Singapour d'autrefois – frénétique, désordonné et très divertissant pour les visiteurs. Les marchands d'épices déploient leurs étals sur ses rues d'un mètre cinquante et, tous les week-ends, le secteur est pris d'assaut par les travailleurs indiens. Kampong Glam, où vivait jadis le sultan local, est un mélange hétéroclite de commerces et restaurants musulmans, de bars à *hipsters* et de boutiques de mode.

Notre sélection

- ***Lagnaa Barefoot Dining (p. 95)***. *Célèbre adresse dont les curries présentent un défi adapté à chacun.*
- ***Tekka Centre (p. 97)***. *Saris et, à l'étage inférieur,* hawker centre *offrant une cuisine de rue authentique.*
- ***Temple Sri Veeramakaliamman (p. 91)***. *Un temple hindou saisissant.*
- ***Sifr Aromatics (p. 103)***. *Laboratoire de parfumerie proposant de concocter la fragrance de ses rêves.*

Comment y aller et circuler

M La station de Little India se trouve juste à côté du Tekka Centre. Le quartier est aussi accessible à pied depuis les arrêts Rochor, Jalan Besar, Bugis et Farrer Park.

M La station Bugis est indiquée pour Kampong Glam. On gagne aisément le secteur affairé et prometteur de Jalan Besar (blotti au sud de Lavender St) depuis les stations MRT de Bendemeer, Lavender ou Farrer Park.

Plan du quartier p. 88

Mosquée du Sultan (p. 90) RONNIE CHUA/SHUTTERSTOCK ©

Promenade à pied

Balade dans Little India

Bruyant, coloré et merveilleusement désinvolte, Little India bouleverse les stéréotypes singapouriens. Humez les parfums de ce singulier pays aux merveilles, royaume des épiceries poussiéreuses et des temples hindous, peuplé de vendeurs d'or ou de saris, et d'Indiens qui marchandent en famille. Ajoutez à cela une cuisine (très) épicée, et vous serez certain de profiter de l'aventure urbaine la plus envoûtante qu'il vous sera donné de vivre à Singapour.

La promenade :

Départ angle de Buffalo Rd et Race Course Rd (M Little India)

Arrivée Sungei Road Laksa (M Jalan Besar)

Distance 1,5 km

Durée 2 heures, arrêts inclus

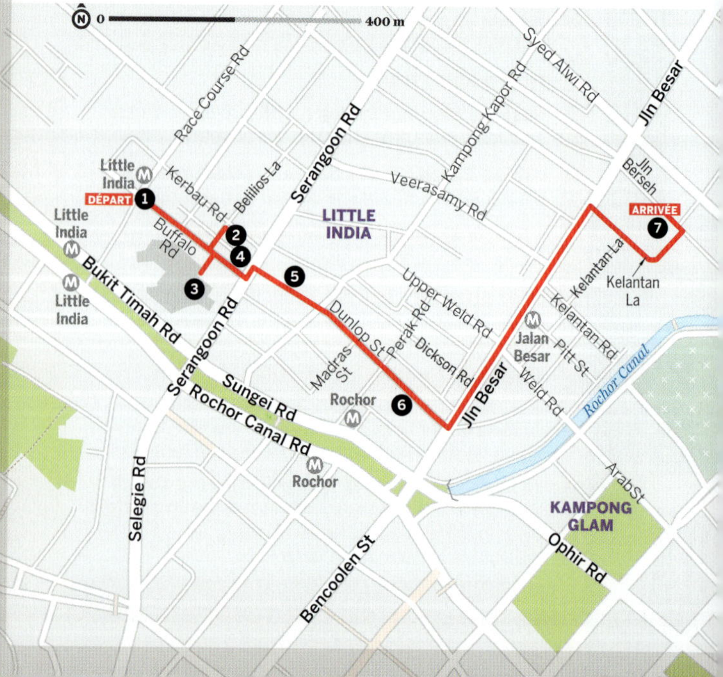

❶ Buffalo Road

Commencez votre immersion par cette rue animée, regorgeant de façades aux couleurs vives, de boutiques de produits indiens et d'étals de guirlandes. Les fleurs employées pour ces dernières sont symboliques : le lotus et le jasmin blanc évoquent la pureté, et le souci jaune, la paix.

❷ Tan House

En suivant Buffalo Rd en direction de Serangoon Rd, repérez l'allée menant à Kerbau Rd, sur la gauche. Faites-y un bref crochet pour voir l'éblouissante Tan House. Cette maison pourrait bien être le bâtiment le plus coloré de Singapour ! Rejoignez ensuite Buffalo Rd.

❸ Tekka Centre Wet Market

Le matin, arpentez le marché couvert du Tekka Centre (p. 97), où les habitants se disputent les produits les plus frais de la ville. Dans ce lieu haut en couleur, du yaourt frais aux épices séchées pour le curry, le choix est vaste. Si vous cherchez un sari, vous trouverez nombre de vendeurs au dernier étage.

❹ Nalli

Pour des saris de qualité, les habitants privilégient souvent le **Nalli** (☎6299 8676 ; www.nalli.com/singapore-store ; 10 Buffalo Rd ; ⏲10h-21h lun-sam, 10h-19h dim ; Ⓜ Little India), situé juste en face du Tekka Centre. Dans cette petite boutique sérieuse, vous trouverez des saris en coton à partir de 40 $S. Les visiteurs sans limite de budget opteront pour l'un des somptueux modèles en soie, qui se vendent généralement entre 100 et 1 000 $S.

❺ Thandapani Co

Glissez-vous dans Dunlop St et cherchez **Thandapani Co** (☎6292 3163 ; 124 Dunlop St ; ⏲9h30-21h30). Cette épicerie, décorée avec des sacs en toile de jute garnis de piments, de graines de fenouil et d'autres produits indiens, est réputée pour les épices – elle offre des ingrédients que vous ne verrez nulle part ailleurs.

❻ Mosquée Abdul Gafoor

Tout aussi accueillante, la **mosquée Abdul Gafoor** (☎6295 4209 ; www.facebook.com/masjidabdulgafoor ; 41 Dunlop St ; entrée libre ; ⏲13h-21h lun-ven, 9h-13h sam), achevée en 1910, arbore un étonnant mélange d'architectures islamique et victorienne. Son entrée principale est surmontée d'un cadran solaire élaboré, dont les 25 rayons sont décorés de calligraphies arabes indiquant les noms des 25 prophètes.

❼ Sungei Road Laksa

Achevez votre aventure indienne par un bol fumant et bon marché de **Sungei Road Laksa** (01-100, Block 27, Jln Berseh ; laksa 3 $S ; ⏲9h30-16h, fermé 1er et 3e mer du mois). Tenue au chaud sur du charbon, la soupe salée à base de lait de coco est légendaire. Pour éviter la foule, venez avant 11h30 ou après 14h.

Nos adresses
Voir p. 90
Se restaurer p. 95
Prendre un verre p. 100
Sortir p. 102
Shopping p. 103
0
400 m
A
B
C
D
E
F
1
2
3
4
Temple Sri Srinivasa Peruma
6
5
9
Farrer Park
Farrer Park Fields
Serangoon Rd
Owen Rd
Burmah Rd
Birch Rd
Roberts La
Kinta Rd
Race Course La
Klang Rd
Race Course Rd
Northumberland Rd
Hampshire Rd
Chander Rd
Serangoon Plaza
39
Kitchener Rd
Verdun Rd
Syed Alwi Rd
Sam Leong Rd
Desker Rd
Rowell Rd
Baboo La
Hindoo Rd
Kampong Kapor Rd
Temple Sri Veeramakaliamman
3
Norris Rd
Veerasamy Rd
LITTLE INDIA
Little India
25
36
Kerbau Rd
Buffalo
Upper Dickson Rd
Cuff Rd
10
Jln Besar
16
24
Plumer Rd
Tyrwhitt Rd
Maude Rd
Townshend Rd
Syed Alwi
King George's Ave
Jln Besar Stadium
Two Bakers
Horne Rd
Druggists
Chye Seng Huat Hardware
Petain Rd
Petain Road Terraces
Sturdee Rd
Foch Rd

Ophir Rd
North Bridge Rd
Rochor Rd
Victoria St
Beach Rd
Bencoolen St
Waterloo St
Queen St
Manila St
Parkview Square
Parkview Museum
Bugis Junction
Bugis
Bugis+
St Gregory Spa
Rex Cinema
Haji La
Arab St
Muscat St
Bussorah St
Kandahar St
Baghdad St
Sultan Gate St
Bali La
KAMPONG GLAM
Malay Heritage Centre
Mosquée du Sultan
Trishaw Uncle
Middle Rd
Prinsep St
Albert St
Short St
Selegie Rd
Rochor
Rochor Canal
Rochor Canal Rd
Sungei Rd
Jln Pisang
Jln Pinang
Jln Sultan
Jln Besar
Cimetière de Kampong Glam
Mosquée Malabar Muslim Jama-ath
Syed Alwi Bridge
Weld Rd
Pitt St
Kelantan Rd
Jalan Besar
Upper Weld Rd
Dickson Rd
Dunlop St
Perak Rd
Mayo St
Madras St
Clive St
Campbell La
Indian Heritage Centre
Little India Arcade
Bukit Timah Rd
Mackenzie Rd
Bencoolen

Voir

Indian Heritage Centre MUSÉE

1 PLAN P. 88, B5

Ce remarquable musée de pointe invite à découvrir le patrimoine et les origines de la communauté indienne de Singapour. Répartis selon cinq thèmes, les centaines d'objets historiques et culturels, cartes, archives vidéo et présentations multimédias illustrent les premières interactions entre l'Asie du Sud et l'Asie du Sud-Est, les traditions de l'Inde et les diverses contributions de la communauté indienne au développement de la cité-État. Entre autres joyaux extraordinaires, citons la porte du Chettinad, du XIXe siècle, ornée de 5 000 sculptures minuscules. (☎6291 1601 ; www.indianheritage.org.sg ; 5 Campbell Lane ; tarif plein/réduit/-6 ans 8/5 $S/gratuit ; 10h-19h mar-jeu, 10h-20h ven-sam, 10h-16h dim ; M Little India, Jalan Besar)

Mosquée du Sultan MOSQUÉE

2 PLAN P. 88, E7

Construite dans le style sarracénique et surmontée d'un dôme doré, cette sublime mosquée, la plus grande de Singapour, semble sortie d'un conte des *Mille et Une Nuits*. Elle fut édifiée en 1825 grâce à un don de l'East India Company et à Raffles, après que ce dernier eut garanti par un traité la souveraineté de la région au sultan de Singapour. En 1928, la mosquée d'origine fut remplacée par

Temple Sri Veeramakaliamman

ADRIAN BAKER/SHUTTERSTOCK ©

le splendide édifice actuel, conçu par un architecte irlandais.

Il est demandé aux non-musulmans d'éviter d'entrer dans la salle de prière, et une tenue correcte est attendue de tous les visiteurs (capes disponibles à l'entrée). Abstenez-vous de braquer votre appareil photo sur les fidèles qui prient. (☎6293 4405 ; sultanmosque.sg ; 3 Muscat St ; entrée libre ; 🕘10h-12h et 14h-16h sam-jeu, 14h30-16h ven ; Ⓜ Bugis)

Temple Sri Veeramakaliamman TEMPLE HINDOU

3 ◉ PLAN P. 88, B4

Le temple le plus coloré et animé de Little India est dédié à la féroce déesse Kali, représentée avec un collier de crânes, en train d'éventrer ses victimes, ou passant des moments plus paisibles en famille, avec ses fils Ganesh et Murugan. La compagne sanguinaire de Shiva a toujours été populaire au Bengale, d'où venaient les ouvriers qui érigèrent le monument en 1881. L'ambiance est particulièrement fervente lors des quatre pujas (cérémonie hindoue) quotidiennes. (☎6295 4538 ; www.srivkt.org ; 141 Serangoon Rd ; entrée libre ; 🕘8h-12h et 18h30-21h ; Ⓜ Little India, Jalan Besar)

Little India Arcade MARCHÉ

4 ◉ PLAN P. 88, B5

Cette galerie marchande modeste et colorée, mêlant boutiques, parfums âcres et musiques de films hindoues, offre un contraste bienvenu par rapport à l'impeccable modernité de nombreux secteurs de la ville. Outre la partie couverte, l'endroit comprend des échoppes dans Campbell Lane. Parfait pour acheter une gravure de Krishna, savourer des mets délicieux ou observer la façon de frire des chapatis. (☎6295 5998 ; littleindiaarcade.com.sg ; 48 Serangoon Rd ; 🕘9h-22h ; Ⓜ Little India, Jalan Besar)

Les maisons de Petain Road

Entre Jln Besar et Sturdee Rd s'étire une extraordinaire rangée de **maisons mitoyennes** (plan p. 88, E1 ; Petain Rd ; Ⓜ Farrer Park, Bendemeer) sur deux niveaux. Somptueusement décorées, ces demeures des années 1920 offrent une stupéfiante explosion de couleurs, des carreaux muraux aux motifs fleuris jusqu'aux bas-reliefs des colonnes arborant fleurs, oiseaux et arbres. Ce style très fleuri est typique du *Late Shophouse Style*. À pied, le site est à 500 m de la station de MRT Farrer Park.

Temple Sri Vadapathira Kaliamman TEMPLE HINDOU

5 ◉ PLAN P. 88, D1

Dédié à Kaliamman, le Destructeur du Mal, ce temple d'Inde du Sud vit le jour en 1870 sous la forme d'un modeste sanctuaire, mais d'importants travaux réalisés en 1969 en firent le sublime édifice que l'on voit aujourd'hui. Les sculptures – et particulièrement celles du *vimana* (structure arrondie à l'intérieur du temple) – comptent parmi les plus beaux exemples d'art sacré à Singapour. (☎6298 5053 ; www.srivadapathirakali.org ; 555 Serangoon Rd ; entrée libre ; ⏱6h-21h ; Ⓜ Farrer Park, Bendemeer)

Temple Sri Srinivasa Perumal — TEMPLE HINDOU

6 PLAN P. 88, D1

Ce temple en l'honneur de Vishnu date de 1855, mais le superbe *gopuram* (tour) de 20 m de haut fut ajouté en 1966 pour 300 000 $S. À l'intérieur, des statues représentent Vishnu, Lakshmi ainsi qu'Andal et sa monture, l'oiseau Garuda. Pendant la fête de Thaipusam, le temple est le point de départ d'une parade colorée, durant laquelle les fidèles se transpercent certaines parties du corps avec des pointes en signe de pénitence. (☎6298 5771 ; www.sspt.org.sg ; 397 Serangoon Rd ; entrée libre ; ⏱8h-12h et 18h-21h ; Ⓜ Farrer Park, Bendemeer)

Malay Heritage Centre — MUSÉE

7 PLAN P. 88, F6

Kampong Glam fut le siège de la royauté malaise, qui résidait ici avant l'arrivée de Raffles. Cet *istana* (palais) fut bâti par le dernier sultan de Singapour, Ali Iskandar Shah, entre 1836 et 1843. Il abrite désormais un musée, avec des galeries qui présentent l'histoire et la culture du peuple malais de Singapour, des premières arrivées de commerçants à Kampong Glam au développement du cinéma, du théâtre, de la musique et de l'édition malais-singapouriens. Visites guidées gratuites à 11h du mardi au vendredi et à 14h les mardis, jeudis et samedis. (☎6391 0450 ; www.malayheritage.org.sg ; 85 Sultan Gate ; tarif plein/réduit/-6 ans 8/5 $S/gratuit ; ⏱10h-18h mar-dim ; Ⓜ Bugis)

Mosquée Malabar Muslim Jama-ath — MOSQUÉE

8 PLAN P. 88, F5

L'architecte de la surprenante mosquée Malabar Muslim Jama-ath avait un faible pour la géométrie. Cette mosquée coiffée d'un dôme doré est la seule de l'île construite pour les musulmans de Malabar (État de Kerala, Inde du Sud). Débutée en 1956, elle ne fut inaugurée qu'en 1963. La pose des stupéfiants carreaux bleus aux motifs géométriques, qui la recouvrent entièrement, fut achevée en 1995. (☎6294 3862 ; www.malabar.org.sg ; 471 Victoria St ; entrée libre ; ⏱12h-13h et 14h-16h sam-jeu et à partir de 14h30 ven ; Ⓜ Bugis, Lavender)

Temple Sakya Muni Buddha Gaya — TEMPLE BOUDDHIQUE

9 PLAN P. 88, D1

Un Bouddha de 300 t et de 15 m de haut domine ce temple. Un ensemble varié de divinités lui tiennent compagnie, dont Kuan Yin (ou Guanyin, déesse chinoise de

Banksy version asiatique

Né en Lituanie et installé à Penang, Ernest Zacharevic (www.ernestzacharevic.com/) est surnommé le Banksy malais. Cet artiste d'une vingtaine d'années s'est bâti une réputation internationale grâce à son travail de *street art* incroyablement ludique et interactif. Zacharevic intègre souvent de véritables objets à ces fresques, par exemple de vieux vélos, des chaises en bois ou même la mousse poussant dans une fissure. Une œuvre en face de la mosquée Malabar Muslim Jama-ath (plan p. 88, F5) représente deux enfants hilares faisant une course dans des chariots de supermarchés bien réels. Sur la droite, un jeune garçon surgit d'une boîte, et plus au sud, à l'angle de Victoria St et Jln Pisang, une fresque gigantesque met en scène une petite fille caressant un lionceau.

la Miséricorde) et, curieusement, les dieux hindous Brahma et Ganesh. Les tigres jaunes postés à l'entrée sont des symboles de protection et de vitalité, tandis que l'immense empreinte de pied de Bouddha en nacre située à gauche de l'entrée serait une réplique de celle du pic d'Adam (Sri Lanka). On reconnaît le pied de Bouddha aux 108 marques de bon augure dont il est recouvert. Le temple, qui fait face au **temple Leong San See** (6298 9371 ; 371 Race Course Rd ; entrée libre ; 7h30-17h), un temple taoïste, fut consacré par un moine thaïlandais en 1927. (temple des 1 000 lumières ; 366 Race Course Rd ; entrée libre ; 8h-16h30 ; M Farrer Park, Bendemeer)

Amrita Ayurveda & Yoga — MASSAGE

10 PLAN P. 88, B4

Si la frénésie de Little India vous a épuisé, reprenez des forces grâce à un massage ayurvédique (médecine traditionnelle indienne) dans ce petit établissement accueillant. Parmi les soins figurent le très populaire Abhyangam (massage à quatre mains, avec des huiles traitantes) et le Shirodhara (huile chaude versée sur le front), extrêmement relaxant. Dispense aussi des cours de yoga. (6299 0642 ; www.amrita.sg ; 11 Upper Dickson Rd ; massage de 30 min à partir de 35 $S ; 9h-21h tlj sauf mar ; M Little India, Jalan Besar)

Parkview Museum — MUSÉE

11 PLAN P. 88, E8

Monumental, ce musée d'art contemporain de 1 500 m^2 a été ouvert en 2017 par le Parkview Group, qui détient aussi l'édifice Art déco caractéristique qu'il occupe, le Parkview Square. Destiné à enrichir la scène artistique locale ainsi qu'à promouvoir l'intégration et la reconnaissance de l'art dans la vie quotidienne, le musée présente les œuvres d'artistes internationaux d'aujourd'hui. Enfilez votre plus belle tenue et rendez-vous à l'Atlas (p. 100), le luxueux bar du hall. (☎6799 6971 ; www.parkviewmuseum.com ; Parkview Sq, 3e niv, 600 North Bridge Rd ; gratuit ; ⏲12h-19h ; M Bugis)

Trishaw Uncle CIRCUITS ORGANISÉS

12 PLAN P. 88, C7

Prenez place dans un *trishaw* (cyclo-pousse) pour une balade rétro dans Chinatown, Kampong Glam ou Little India. La visite de Chinatown se termine au Chinatown Heritage Centre (p. 62) et ne vous ramène pas à votre point de départ, mais longe le fleuve. Le terminal des *trishaw* se situe sur Queen St, entre le Fu Lu Shou Complex, et l'Albert Centre Market and Food Centre. (☎6337 7111 ; www.trishawuncle.com.sg ; Albert Mall Trishaw Park, Queen St ; tour de 30 min adulte/3-12 ans à partir de 39/29 $S, tour de 45 min 49/39 $S ; M Bugis)

St Gregory Spa SPA

13 PLAN. 88, F8

Avec trois enseignes à Singapour, St Gregory's est un acteur majeur du bien-être. À l'intérieur de l'hôtel Parkroyal, cette succursale paisible sur le thème de la forêt est idéale pour profiter des massages suédois, enveloppements, bains de lait, soins chinois traditionnels et massages ayurvédiques. (☎6505 5755 ; www.stgregoryspa.com ; 4e niv, The Parkroyal, 7500 Beach Rd ;

Trishaw Uncle

soins 45-300 $S ; 11h-20h lun-ven, 10h-20h sam-dim ; M Bugis, Nicoll Hwy)

Se restaurer

Lagnaa Barefoot Dining

INDIEN $$

14 PLAN P. 88, B4

Dans ce sympathique restaurant, vous pourrez choisir le degré d'épices de votre plat : le niveau 3 correspond aux mets normalement épicés et le niveau 4 aux spécialités très épicées. Seuls les plus téméraires s'aventureront au-delà ! Dans tous les cas, les délicieuses recettes familiales du nord et du sud de l'Inde sont à déguster autour d'une table à l'occidentale, au rez-de-chaussée, ou assis sur des coussins au sol, à l'étage. Difficile de vous décider ? Commandez le célèbre curry de poisson du chef Kaesavan. (6296 1215 ; www.lagnaa.com ; 6 Upper Dickson Rd ; plats 8-23 $S ; 11h30-22h30 mar-dim ; ; M Little India)

Cicheti

ITALIEN $$

15 PLAN P. 88, F7

Dans ce restaurant chic et accueillant, attendez-vous à de jeunes pizzaiolos affairés, à des convives branchés et à d'alléchants plats italiens contemporains, mitonnés avec des produits du marché : superbes pizzas au feu de bois, pâtes maison et grands classiques comme les *polpette di carne grana* (boulettes de viande mijotées). Réservez dès le début de la semaine si vous souhaitez venir un vendredi ou un samedi soir. (6292 5012 ; www.cicheti.com ; 52 Kandahar St ; pizzas 18-28 $S, plats 22-46 $S ; 12h-14h30 et 18h-22h30 ; M Bugis, Nicoll Hwy)

Swee Choon Tim Sum

DIM SUM $

16 PLAN P. 88, D3

En 1962, on ouvrait ici dans une simple *shophouse* un restaurant de dim sums. Aujourd'hui, le Swee Choon en occupe toute la surface, plus les allées situées derrière 4 autres *shophouses* attenantes et le trottoir. Il est toujours plein à craquer, mais ne désespérez pas : la file d'attente est ordonnée et avance rapidement. Les brioches moelleuses remplies d'une crème salée à base de jaune d'œuf sont incomparables. (6225 7788 ; www.sweechoon.com ; 183-191 Jln Besar ; plats 1,40-9 $S ; 11h-14h30 et 18h-2h lun-jeu, 11h-14h30 et 18h-2h ven, 10h-15h30 et 18h-3h sam, 10h-15h30 et 18h-2h dim ; M Jalan Besar, Rochor)

QS269 Food House

HAWKER $

17 PLAN P. 88, B8

Il s'agit en fait d'une allée couverte, bruyante et bondée, que bordent des étals de rue légendaires. Commencez par un bol de la soupe de nouilles curry et lait de coco (primée !) de **Ah Heng** (www.facebook.com/ahhengchickencurrynoodles ; soupe 4,50-6,50 $S ; 9h30-22h) ou

À la table singapourienne

La gastronomie est l'un des atouts de Singapour : le mélange des cultures a créé l'un des paysages culinaires les plus variés et alléchants de la planète.

Cuisine chinoise

Riz au poulet des Hainanais (volaille à la vapeur et riz cuit dans un bouillon de poule, servis avec une soupe claire, des tranches de concombre et une sauce piment-gingembre), *hokkien mee* (nouilles jaunes aux crevettes) et *char kway teow* (nouilles sautées avec des coques, de la saucisse chinoise et une sauce brune) des Hokkiens, porridge au riz de la cuisine *teochew*, soupe de *wonton* (raviolis) cantonaise, etc.

Cuisine indienne

Les saveurs brûlantes de l'Inde du Sud dominent. Sautez sur un *thali*, composé notamment de riz, de curries et de *rasam* (soupe chaude et aigre), et un dessert servi sur une feuille de bananier, ou sur un *roti prata* (pain plat frit, avec une sauce au curry), un *masala dosa* (fine crêpe garnie avec des pommes de terre épicées et du chutney) ou un *murtabak halal* (crêpe encore plus fine avec de l'oignon et de la viande assaisonnée, généralement du mouton).

Cuisines malaise et indonésienne

À noter : le *Katong laksa* (bouillon épicé au curry et au lait de coco avec nouilles, crevettes, coques, croquettes de poisson, pousses de soja et feuilles de laksa), l'*ikan assam* (poisson frit dans un curry âcre au tamarin), le *nasi lemak* (riz à la noix de coco avec cacahuètes et poisson frit) et, tout aussi appétissant, le *nasi padang* – riz vapeur avec un choix de plats de viande et de légumes déposé sur votre assiette.

Cuisine peranakan

La cuisine peranakan (nonya) mêle les influences chinoises et malaises. Les plats, piquants et épicés, privilégient piments, échalotes, *belacan* (pâte de crevettes fermentée malaise), pousses de soja, cacahuètes, lait de coco et *galangal* (racine semblable au gingembre). Parmi les classiques figure l'*otak otak* (sorte de quenelle à base de poisson, lait de coco, pâte de piment, *galangal* et fines herbes, le tout grillé dans une feuille de bananier).

rejoignez la file devant **New Rong Liang Ge** (plats à partir de 2,50 $S ; 9h-20h, fermé 1er mer du mois), tout aussi réputé, qui attire les gourmets des quatre coins de la ville avec son succulent canard rôti. La ruelle court le long du bâtiment. (Block 269B Queen St ; plats à partir de 2,50 $S ; horaires variables selon les stands ; M Bugis)

Tekka Centre HAWKER $

18 PLAN P. 88, A5

Installé autour des stands de viande du marché alimentaire, ce *hawker centre* animé regorge d'épices indiennes. Faites la queue pour commander *biryani*, *dosa* (fine galette à la farine de lentille), *roti prata* (pain plat frit et relevé de sauce au curry) et *teh tarik* (thé au lait chaud). Ne manquez pas l'**Ar Rahman Royal Prata** (murtabak 2,30-6 $S ; 7h-22h mar-dim), qui sert de sublimes *murtabak* (galette salée farcie). (angle Serangoon Rd et Buffalo Rd ; plats 3-10 $S ; 7h-23h ; variables selon les stands ; ; M Little India)

Piedra Negra MEXICAIN $$

19 PLAN P. 88, F8

Musique latino envoûtante, superbes fresques et tables donnant sur l'ambiance bohème de Haji Lane : ce bar mexicain bouillonnant est idéal pour déguster un cocktail à bon prix et observer les passants. Les margaritas sont savamment dosées et les *burritos*, *quesadillas*, *tacos* et autres spécialités tex-mex sont copieux et savoureux. (6291 1297 ; www.facebook.com/piedranegrasg ; angle Beach Rd et Haji Lane ; plats 10-23 $S ; 12h-22h30 ; ; M Bugis)

Meatsmith Little India BARBECUE $$$

20 PLAN P. 88, B5

Ce barbecue à l'américaine a pour copropriétaire le chef David Pynt, ce qui lui vaut souvent le surnom de petit cousin du Burnt Ends (p. 71). Il s'inspire de l'agitation des rues environnantes : viandes extra, longuement marinées, recouvertes d'épices indiennes, puis fumées, grillées ou braisées à la perfection. Les côtes de bœuf, laquées deux fois, sont infiniment tendres. (9625 9056 ; www.meatsmith.com.sg ; 21 Campbell Lane ; plats 18-58 $S ; 11h30-22h30 mar-dim, dernier service 22h ; M Little India)

Komala Vilas SUD-INDIEN $

21 PLAN P. 88, B4

Doté d'un emplacement privilégié, cet établissement de la chaîne Komala Vilas est très prisé pour ses plats abordables, authentiques et servis généreusement. Leurs *dosai* ultraminces sont légendaires. Appréciez un repas servi avec 3 curries de légumes et des condiments. Pour compléter le festin, sirotez dans votre tasse en métal traditionnelle un thé *masala* (aux épices) bien chaud. (6293 6980 ; www.komalavilas.com.sg ; 76-78 Serangoon Rd ; plats

2,50-11 $S ; 7h-22h30 ; ; M Little India)

Moghul Sweet DESSERTS $

Envie de sucreries indiennes ? Alors cap sur cette minuscule enseigne moghole, dans le Little India Arcade (voir 4 plan p. 88, B5). Craquez pour les succulents *gulab jamun* (boulettes de pâte frites et nappées de sirop à la rose), les *rasmalai* (fromage *paneer* dans une sorte de crème fraîche épaisse à la cardamome) ou les *barfi* (à base de lait concentré cuit dans du sucre) aux parfums divers : pistache, chocolat, carotte (!)... (6392 5797 ; 01-16, Little India Arcade, 48 Serangoon Rd ; sucreries à partir de 1,25 $S ; 9h30-21h30 ; M Little India)

Charlie's Peranakan PERANAKAN $

22 PLAN P. 88, F7

Au fil de ces dernières décennies, Charlie a fidélisé sa clientèle avec une cuisine nonya réconfortante. Après une coupure de 8 ans, et pour le plus grand plaisir des Singapouriens, il s'adonne à nouveau à sa passion. La carte abonde en classiques peranakans. Attablé au sous-sol du Golden

Jalan Besar

Connu jadis pour ses quincailleries et ses combats de boxe, le quartier de Jalan Besar semble vouloir réunir l'architecture patrimoniale et le Singapour branché d'aujourd'hui. Assez compact, le quartier s'organise autour de Jln Besar et Tyrwhitt Rd. Sur cette dernière se trouve le café et torréfacteur de renom **Chye Seng Huat Hardware** (CSHH Coffee Bar ; plan p. 88, F2 ; 6299 4321 ; www.cshhcoffee.com ; 150 Tyrwhitt Rd ; 8h-17h, dernier service 16h30 ; M Bendemeer, Farrer Park, Lavender).

Après l'intersection, sur Horne Rd, des diplômés en boulangerie du Cordon Bleu à Paris confectionnent des douceurs pour le café contemporain **Two Bakers** (plan p. 88, F2 ; 6293 0329 ; twobakers.store ; 88 Horne Rd ; pâtisseries et gâteaux 8-14 $S ; 9h-18h dim-jeu, 10h-22h ven et sam ; M Bendemeer, Lavender). En fin d'après-midi, les 23 tireuses du **Druggists** (plan p. 88, F2 ; 6341 5967 ; www.druggists.sg ; 119 Tyrwhitt Rd ; 15h-22h30 lun-ven, 13h-22h30 sam-dim ; M Bendemeer, Farrer Park, Lavender), non loin, proposent une sélection tournante de bières artisanales venues de microbrasseries du monde entier.

Pour rejoindre Jalan Besar, descendez du MRT à Bendemeer et gagnez Lavender St. Tyrwhitt Rd est la 1re rue à gauche en remontant Lavender St vers le nord.

Mile Food Centre, laissez-vous conseiller par Charlie ou sa femme. (☎ 9789 6304 ; www.facebook.com/charliesperanakanfood ; B1-30, Golden Mile Food Centre, 505 Beach Rd ; plats 6-20 $S ; 11h30-19h30 ; M Lavender, Nicoll Hwy, Bugis)

Hill Street Tai Hwa Pork Noodle HAWKER $

23 PLAN P. 88, F5

Les habitants ne voulaient pas vendre la mèche, mais ce *hawker* de seconde génération, célèbre pour son *bak chor mee* (nouilles au porc, foie et sole frite accompagnées d'une sauce vinaigrée au piment) façon *teochew*, brille désormais d'une étoile Michelin. Mieux vaut arriver tôt : avant l'ouverture, plutôt que de vous joindre à la file d'attente qui s'allonge, prenez un numéro. Les bols sont déclinés en 4 tailles, et celui à 8 $S satisfera tous les appétits. (www.taihwa.com.sg ; 01-12, Block 466, Crawford Lane ; nouilles 6-10 $S ; 9h30-21h mar-dim ; M Lavender)

Beach Road Scissor Cut Curry Rice HAWKER $

24 PLAN P. 88, E3

Le plat de riz éponyme est peut-être le moins alléchant que vous aurez vu, mais après la première bouchée, vous ne pourrez plus vous en passer. Choisissez parmi les ingrédients en vitrine, puis regardez le personnel les découper en morceaux minuscules. Les plats débordent de curry et de sauces mijotées, pour un repas aussi délicieux que chaotique. (229 Jln Besar, angle Kitchener Rd ; plats à partir de 3,50 $S ; 11h-3h ; M Lavender, Farrer Park)

Gandhi Restaurant SUD-INDIEN $

25 PLAN P. 88, A4

La cuisine de cette cantine fait oublier un service irrégulier et un décor bon marché. Après s'être lavé les mains dans l'évier situé à l'arrière, on s'installe à une table pour voir arriver riz et condiments (*thali* classique) servis sur une feuille de bananier. Choisissez vos accompagnements (le curry de poulet est un incontournable), puis régalez-vous ! (29-31 Chander Rd ; plats 2-10 $S, formules à partir de 4,50 $S ; 11h-23h ; M Little India)

Nan Hwa Chong Fish-Head Steamboat Corner CHINOIS $$

26 PLAN P. 88, F6

Si vous ne devez goûter qu'un *fish-head steamboat* (fondue chinoise au poisson), faites-le chez ce vétéran bruyant et donnant sur la rue. Cuit sur du charbon dans une grosse marmite, le *tee po* (sole séchée) est servi dans un bouillon épicé et fumant. Un plat convient pour 3 ou 4 personnes, voire plus si on ajoute du riz et des légumes. (☎ 6297 9319 ; www.facebook.com/nanhwachong ; 812-816 North Bridge Rd ; fondue de poisson à partir de 29 $S ; 11h-0h ; M Bugis, Lavender)

Warong Nasi Pariaman
MALAIS, INDONÉSIEN $

27 PLAN P. 88, E6

Cette échoppe de *nasi padang* (riz au curry) ne paie pas de mine, mais il s'agit d'une véritable institution. Parmi les meilleurs plats figurent le subtil bœuf *rendang*, l'*ayam bakar* (poulet grillé avec sauce au lait de coco) et le *sambal goreng* (haricots kilomètres, *tempeh* et tofu frit), très épicé. Évitez la foule en arrivant avant 11h pour déjeuner, et la queue en arrivant avant 17h pour dîner. (6292 2374 ; www.facebook.com/WarongNasiPariaman ; 736-738 North Bridge Rd ; plats à partir de 3 $S ; 7h-19h ; M Bugis)

Zam Zam
MALAIS $

28 PLAN P. 88, E7

Installée depuis 1908, la maison maîtrise son sujet mais ne se repose pas sur ses lauriers. Les rabatteurs continuent de harponner le chaland dans la rue tandis que les cuisiniers à l'intérieur préparent à un rythme frénétique de délicieux *murtabak* (crêpes fourrées au mouton, poulet, bœuf, gibier ou même sardines), spécialité de la maison. Les portions étant gargantuesques, une *medium* pour deux suffit le plus souvent. (6298 6320 ; www.zamzamsingapore.com ; 697-699 North Bridge Rd ; murtabak à partir de 5 $S ; 7h-23h ; M Bugis)

Prendre un verre

Atlas
BAR

Évoquant le Manhattan des années 1920, ce somptueux lounge à cocktails – installé dans le hall d'entrée du Parkview Museum (voir 11 plan p. 88, E8) – d'inspiration Art déco, avec des plafonds couleur bronze, des fauteuils profonds et un éclairage tamisé, décline une carte de champagnes, de cocktails et de martinis savoureux. C'est toutefois son "mur de gins" (plus de 1 000 marques alignées sur 12 m de hauteur), qui fait la différence !

Réservation indispensable le soir, mais on peut souvent encore trouver une table avant 18h. L'Atlas ouvre aussi le matin pour le café, et sert une cuisine aux accents européens jusque tard le soir. L'*afternoon tea* (15h-17h, à partir de 56 $S) vaut le détour. Soignez votre tenue : shorts et chaussons interdits après 17h. (6396 4466 ; www.atlasbar.sg ; Parkview Sq, hall d'entrée, 600 North Bridge Rd ; 10h-22h30 lun-ven, 14h-22h30 sam ; M Bugis)

Maison Ikkoku The Art of Mixology
BAR À COCKTAILS

29 PLAN P. 88, F7

Finition moderne et industrielle, touches de verdure… La Maison Ikkoku est un lieu magique. Il n'y a pas de menu : adressez-vous directement aux barmen. Si vous signalez un penchant pour l'amertume, on vous servira peut-être un breuvage piquant et acidulé, tel que celui mêlant gin épicé, raisin, citron et piments japonais. Pas donné, mais on en a pour son argent. (6294 0078 ; www.ethanleslieleong.com ; 20 Kandahar St, 2e niv ; bar 17h-22h30 mar-jeu, 16h-22h30 ven, 11h30-22h30 sam-dim ; ; M Bugis)

Bar Stories

BAR À COCKTAILS

30 PLAN P. 88, E7

Téléphonez si vous souhaitez venir en fin de semaine, car ce petit bar installé dans les étages est extrêmement prisé. Les barmen, de véritables magiciens, transforment n'importe quel alcool en cocktail renversant. Leurs créations sont originales et souvent géniales. (6298 0838 ; www.facebook.com/barstories.sg ; 57A Haji Lane ; 17h-1h dim-jeu, 17h-22h30 mar-dim ; M Bugis)

Ginett

BAR À VINS

31 PLAN P. 88, A7

Avec un vin au verre qui est peut-être le moins cher de la ville (6 $S), le Ginett s'est constitué une importante clientèle. D'une conception façon bistrot industriel moderne, il permet de siroter sous un immense plafond des vins français certes plutôt quelconques, mais à prix modique. Des rangées de verres suspendus étincellent au-dessus du comptoir de ce lieu, à la fois raffiné et décontracté.

Les plateaux de fromages et de charcuteries apaiseront les petites faims. (6809 7989 ; www.randblab.com ; 200 Middle Rd ; 11h30-22h30 ; M Bencoolen, Rochor)

Zam Zam

Bollywood au Rex

Vous avez vu des affiches partout à Little India, mais où voir les succès de Bollywood ? Au **Rex Cinema (Carnival Cinemas)** (hors plan p. 88 ; 6902 7095 ; www.carnivalcinemas.sg ; 6001 Beach Road, Golden Mile Tower ; billets 16 $S ; M Nicoll Highway), bien sûr ! Ce cinéma, à la lisière du quartier, projette des films de tout le sous-continent, généralement sous-titrés en anglais. Une autre salle du même groupe se trouve non loin : le **Bombay Talkies** (6293 5717 ; 100 Beach Road, #02-30A Shaw Tower ; M Bugis).

Beast

BAR

32 PLAN P. 88, F6

Si vous êtes en quête d'un remontant, prenez place sur un tabouret autour d'un tonneau rouillé et commencez à étudier la grandiose carte du Beast, avec notamment le Southern Comfort maison. De la cuisine sortent de succulents plats évoquant le sud des États-Unis ; mention spéciale pour le poulet frit et les gaufres. Les férus de concerts ne manqueront pas la soirée *open mic* du jeudi. (6295 0017 ; www.thebeast.sg ; 17 Jln Klapa ; 16h-22h lun-ven, 11h30-22h sam-dim ; M Bugis)

Sortir

Singapore Dance Theatre

DANSE

33 PLAN P. 88, C8

La principale compagnie de danse de Singapour ravit son public avec un répertoire mêlant ballets classiques et œuvres contemporaines, souvent à l'Esplanade – Theatres on the Bay (p. 49). Le festival Ballet under the Stars, qui se déroule en juin ou juillet au **Fort Canning Park** (1800 471 7300 ; www.nparks.gov.sg ; bordé par Hill St, Canning Rise, Clemenceau Ave et River Valley Rd ; M Dhoby Ghaut, Clarke Quay, Fort Canning), constitue le moment fort de la saison. Consultez le site Internet pour plus de détails. (6338 0611 ; www.singaporedancetheatre.com ; 07-02/03, Bugis+, 201 Victoria St ; M Bugis)

BluJaz Café

MUSIQUE LIVE

34 PLAN P. 88, E7

Ce repaire bohème est la meilleure adresse pour écouter de la musique live. Outre les jam-sessions jazz régulières, on y organise des concerts de tous les styles, du blues Internet pour l'agenda des festivités : DJ mixant du funk, soirées rétro et R&B et scène ouverte pour les comiques en devenir le mercredi et le jeudi soir ("Talk Cock"). Des frais d'entrée peuvent s'appliquer selon les concerts. (9199 0610, 8126 2936 ; www.blujazcafe.net ; 11 Bali Lane ; 12h-22h30 ; ; M Bugis)

Going Om

MUSIQUE LIVE

35 PLAN P. 88, E7

Au cœur de Haji Lane, ce café voyant et libre d'esprit programme de la musique live tous les soirs. L'ambiance est au rendez-vous, avec tables éclairées à la bougie, sets acoustiques (des reprises bien exécutées pour l'essentiel) et son lot de clients dansant dans la ruelle. L'esprit bobo s'étend jusqu'à la carte des boissons, qui comprend des cocktails "chakra" à sept couleurs (une par chakra). (6396 3592 ; www.going-om.com.sg ; 63 Haji Lane ; 12h-23h mar-dim ; M Bugis)

Wild Rice

THÉÂTRE

36 PLAN P. 88, A4

Basée à Kerbau Rd, la troupe de théâtre la plus séduisante de Singapour organise des spectacles ailleurs en ville (et à l'étranger). Elle met en scène des œuvres locales et étrangères allant de la farce à la pièce politique sérieuse, traitant de questions rarement abordées à Singapour.

Les représentations ont souvent lieu au LASALLE College of the Arts, situé 1 McNally St, à deux pas de la station Rochor du MRT. (6292 2695 ; www.wildrice.com.sg ; 65 Kerbau Rd ; M Little India)

Shopping

Sifr Aromatics

PARFUMS

37 PLAN P. 88, F7

Le laboratoire de parfumerie Zenlike appartient à Johari Kazura, issu d'une famille de parfumeurs depuis trois générations. Parmi ses exquises créations figure East (30 ml 125 $S), mélange capiteux d'absolu de rose, d'ambre et de néroli. L'accent est mis sur les parfums personnalisés (téléphonez éventuellement pour prendre rendez-vous), sans oublier quelques articles divins, tels les baumes corporels abordables et de qualité, les bougies parfumées et les bouteilles de parfum vintage. (6392 1966 ; www.sifr.sg ; 42 Arab St ; sur rendez-vous lun-mar, 11h-20h mer-sam, 11h-17h dim ; M Bugis)

Supermama

SOUVENIRS

38 PLAN P. 88, F8

Nichée à l'angle d'Arab St, cette boutique aux airs de galerie est une mine de souvenirs modernes. Admirez les articles d'inspiration singapourienne du vaste comptoir central, façonnés pour la plupart par des créateurs locaux. La délicate porcelaine bleu et blanc, fabriquée au Japon, est le produit phare du magasin. (9615 7473 ; www.supermama.sg ; 265 Beach Rd ; 11h-18h mer-dim ; M Bugis)

Mustafa Centre

GRAND MAGASIN

39 PLAN P. 88, C2

Cet immense centre commercial attire principalement une clientèle indienne aux moyens limités. On y trouve de tout : électronique, bijoux en or, chaussures, sacs, valises et produits de beauté. Également un grand supermarché

Paradis des photographes

Haji Lane (plan p. 88, E8 ; M Bugis), une étroite ruelle aux tons pastel, recèle quelques boutiques originales et une profusion d'art de rue coloré. Les loyers étant exorbitants, les magasins changent souvent, mais le *concept store* Mondays Off (céramiques locales contemporaines, magazines d'art, étagères géométriques...) y prospère depuis longtemps. Pour des friandises, faites un saut au merveilleux Windowsill Pies.

proposant une kyrielle de produits alimentaires indiens. Si vous supportez mal la foule, ne venez pas le dimanche. (☎ 6295 5855 ; www.mustafa.com.sg ; 145 Syed Alwi Rd ; ⏲ 24h/24 ; M Farrer Park)

Bugis Street — MARCHÉ

40 🛍 PLAN P. 88, C7

Jadis le royaume des tripots et des légionnaires en permission, Bugis Street accueille désormais le plus grand marché couvert de Singapour. Les étals de vêtements, chaussures et accessoires bon marché côtoient les échoppes de manucure. Un endroit particulièrement prisé des ados et des jeunes. Clin d'œil à son passé de quartier chaud, la rue compte même un sex-shop. (☎ 6338 9513 ; www.bugisstreet.com.sg ; 3 New Bugis St ; ⏲ 12h-22h ; M Bugis)

Little Shophouse — ARTISANAT

41 🛍 PLAN P. 88, D7

L'art des perles peranakans tend à disparaître, mais il est encore bien vivant dans cette boutique-atelier. Robert Sng imagine des mules aux couleurs vives, et sa sœur Irene l'aide à les habiller de perles, à la main. Chaque paire nécessite 100 heures de travail, d'où un prix assez élevé (environ 1 000 $S). Également des services à thé, de la vaisselle, des vases, des sacs à main et des bijoux peranakans. (☎ 6295 2328 ; www.facebook.com/Little-Shophouse-Happy-Nyonya-Beaded-Shoes-1691585284388047 ; 03-49, 390 Victoria St ; ⏲ 11h-15h lun-sam ; M Bugis)

Sim Lim Square — ÉLECTRONIQUE, MALL

42 🛍 PLAN P. 88, B6

Synonyme de produits démarqués et geeks, ce centre commercial est jalonné de stands vendant ordinateurs portables, appareils photo, cartes son et consoles de jeu. Si les connaisseurs décrocheront éventuellement quelques bonnes affaires, les amateurs risquent d'être vite dépassés. Marchandez fermement (mais courtoisement) et vérifiez que la garantie est valable dans votre pays. (☎ 6338 3859 ; www.simlimsquare.com.sg ; 1 Rochor Canal Rd ; ⏲ 9h-21h30 ; M Rochor)

TKKURIKAWA/GETTY IMAGES ©

Haji Lane

Hear Records

MUSIQUE

43 PLAN P. 88, B7

D'innombrables bacs à disques en bois recèlent des trésors pour les fans de vinyles. Ce magasin rassemble des disques neufs ou d'occasion de presque tous les genres. (9646 0648 ; www.facebook.com/hearrecords ; 01-18 Burlington Sq, 175 Bencoolen St ; 11h-19h30 lun-sam, 12h-18h dim ; M Rochor, Bugis)

TOD'S

Explorer

Orchard Road

Cette ancienne route poussiéreuse bordée de plantations d'épices et de vergers s'est métamorphosée en un torrent étourdissant de gigantesques malls (centres commerciaux), de grands magasins et de boutiques spécialisées sur 2,5 km – de quoi épuiser les mordus de shopping. On y trouve aussi d'alléchants food courts, *ainsi qu'une petite rue classée et pleine de bars.*

Notre sélection

- ***ION Orchard Mall (p. 117)***. *Le centre commercial le plus chic de Singapour.*
- ***Tanglin Shopping Centre (p. 117)***. *Pour la chasse aux objets anciens.*
- ***Emerald Hill Road (p. 110)***. *Une promenade dans ce secteur au patrimoine riche.*
- ***Iggy's (p. 111)***. *Goûtez une cuisine fusion novatrice.*
- ***Killiney Kopitiam (p. 112)***. *Un petit-déjeuner dans ce café, quintessence de la tradition singapourienne en la matière.*

Comment y aller et circuler

M Orchard Rd est desservie par 3 stations de MRT : Orchard, Somerset et Dhoby Ghaut. Inutile de chercher un autre moyen de transport.

Plan du quartier p. 108

Orchard Road KOMAR/SHUTTERSTOCK ©

A
B
C
D
1
2
3
4
5
6
0
500 m
Nos adresses
Voir p. 110
Se restaurer p. 111
Prendre un verre p. 115
Shopping p. 117
Stevens Rd
Draycott Park
Draycott Dr
Draycott Rd
Orange Grove Rd
Claymore Hill
Scotts Rd
Nassim Rd
Claymore Rd
Tanglin Rd
20
Orchard Rd
5
7
9
Nutmeg Rd
Remède Spa
2
Cuscaden Rd
18
16
22
Tomi Foot Reflexology
4
26
Paterson Rd
13
19
15
Tomlinson Rd
Orchard Blvd
Orchard
Food Republic
Anguillia Park
Orchard Turn
Orchard Blvd
Jln Tupai
Orchard Blvd
Paterson Hill
One Tree Hill
Jln Kelawar
Jln Arnap
Paterson Rd
Grange Rd
Grange Rd
Hoot Kiam Rd
Irwell Bank
Leonie Hill
Leonie Hill Rd

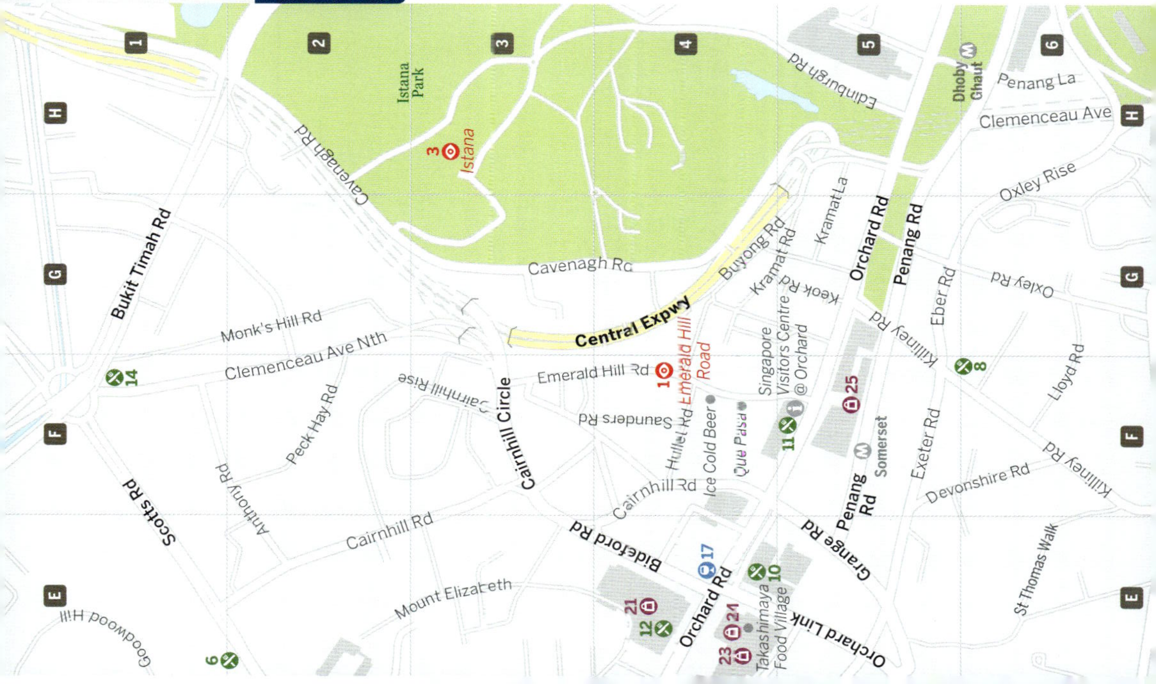
1
2
3
4
5
6
E
F
G
H
Istana Park
3 Istana
Bukit Timah Rd
Cavenagh Rd
Monk's Hill Rd
Clemenceau Ave Nth
14
Peck Hay Rd
Cairnhill Rise
Cairnhill Circle
Emerald Hill Rd
1 Emerald Hill Road
Central Expwy
Cavenagh Rd
Buyong Rd
Kramat Rd
Kramat La
Keok Rd
Singapore Visitors Centre @ Orchard
Orchard Rd
Penang Rd
Edinburgh Rd
Dhoby Ghaut
Penang La
Clemenceau Ave
Oxley Rise
Oxley Rd
Eber Rd
Killiney Rd
8
Lloyd Rd
Saunders Rd
Hullet Rd
Ice Cold Beer
Que Pasa
11
25
Somerset
Exeter Rd
Devonshire Rd
Killiney Rd
Scotts Rd
Anthony Rd
Cairnhill Rd
Cairnhill Rd
Bideford Rd
17
Penang Rd
Grange Rd
St Thomas Walk
Mount Elizabeth
21
12
Orchard Rd
24
23
10
Takashimaya Food Village
Orchard Link
Goodwood Hill
6

Voir

Emerald Hill Road ARCHITECTURE

1 PLAN P. 108, F4

Oubliez un peu le shopping pour remonter Emerald Hill Rd et humer le parfum des frangipaniers en admirant quelques-unes des plus belles maisons mitoyennes de la ville. Ne manquez pas la n°56 (datant de 1902, c'est l'une des plus anciennes), les n°39 à 45 (aux larges façades et aux entrées majestueuses de style chinois) et les n°120 à 130 (dont les ornementations Art déco datent environ de 1925). Tout au bout, côté Orchard Rd, figurent des bars prisés au sein de délicieuses *shophouses* rénovées. (Emerald Hill Rd ; M Somerset)

Remède Spa SPA

2 PLAN P. 108, A3

Le spa du St Regis Hotel, censé offrir les meilleurs masseurs de la ville, abrite aussi le très prisé Pedi:Mani:Cure Studio, tenu par le renommé Bastien Gonzalez (manucure à partir de 150 $S). Le Wet Lounge – un espace tout en marbre avec hammam, sauna, fontaines de glace et Jacuzzi – est le prélude idéal à des soins exceptionnels, tel le massage de 1 heure 30 aux pierres de jade chaudes (310 $S). (☎ 6506 6896 ; www.remedespasingapore.com ; St Regis Hotel, 29 Tanglin Rd ; massage à partir de 105 $S ; ⌚10h-19h ; M Orchard)

Istana PALAIS

3 PLAN P. 108, H3

La majestueuse résidence néoclassique blanchie à la chaux du président de Singapour, au sein d'un domaine de 16 ha, fut bâtie par les Britanniques entre 1867 et 1869 pour loger le représentant de la Couronne. Elle ouvre au public cinq fois par an. Consultez le site Web pour connaître ces dates, lors desquelles on peut se promener près du parcours de golf à 9 trous, dans les superbes jardins en terrasses et dans certaines salles de réception. Pensez à prendre votre passeport, et arrivez tôt, car la file d'attente s'allonge rapidement.

Le reste du temps, on peut visiter l'**Istana Heritage Gallery** (☎ 6904 4289 ; www.istana.gov.sg ; gratuit ; ⌚10h-18h, fermé mer), de l'autre côté d'Orchard Rd, ou seulement l'observer depuis ses portes bien gardées. (www.istana.gov.sg ; Orchard Rd ; jardins/palais 10/4 $S ; ⌚8h30-18h nouvel an chinois, fête du Travail, fête nationale, Diwali et Hari Raya Puasa/Aïd al Fitr ; M Dhoby Ghaut)

Tomi Foot Reflexology MASSAGES

4 PLAN P. 108, D4

Un salon de massage sans chichis, caché dans un bâtiment années 1970 du Lucky Plaza. Une équipe en polos roses y pratique l'un des meilleurs massages de la ville, avec des techniques comme la digitopuncture et le shiatsu, sous le regard bienveillant de

Jésus et Marie, accrochés au mur. (☎ 6736 4249 ; 01-94 Lucky Plaza, 304 Orchard Rd ; réflexologie plantaire/massage 30 min 30/50 $S ; ⏰ 10h-22h ; M Orchard)

Se restaurer

Iggy's

FUSION $$$

5 PLAN P. 108, C3

Les lignes délicates et épurées de l'Iggy's laissent espérer une expérience spéciale. La grande baie vitrée donnant sur la cuisine permet d'apercevoir le chef Aitor Jeronimo Orive accomplissant des miracles avec sa cuisine fusion créative, très saisonnière et toujours renouvelée. La carte des vins compte parmi les meilleures de la ville. (☎ 8188 3200 ; www.iggys.com.sg ; Hilton Hotel, 3e niv, 581 Orchard Rd ; formule déj/dîner à partir de 105/250 $S ; ⏰ 12h-13h30 et 18h-20h30 mar-sam ; 🍷 ; M Orchard)

Buona Terra

ITALIEN $$$

6 PLAN P. 108, E2

Cet Italien chic et intimiste est l'un des joyaux méconnus de Singapour. En cuisine, le jeune chef lombard Denis Lucchi transforme des ingrédients d'exception en plats modernes et élégants – foie de canard saisi avec pêches pochées, crumble aux *amaretti* et glace au Vin Santo. Gabriele Rizzardi, le sommelier d'Émilie-Romagne, propose une carte des vins onéreuse mais remarquable. (☎ 6733 0209 ; www.buonaterra.com.sg ; 29 Scotts Rd ; déj 3/4/5 plats

Emerald Hill Rd

Black & Whites

Ces caractéristiques bâtisses noir et blanc, qu'on aperçoit parfois au hasard des quartiers richement boisés de Singapour, témoignent de son passé colonial. Généralement construites par de riches planteurs entre la fin du XIXe siècle et la Seconde Guerre mondiale, ces majestueuses demeures ont conservé tout leur charme d'autrefois. Leur conception doit beaucoup à l'*Arts & Crafts*, un courant né en Angleterre dans les années 1860 qui mettait l'accent sur l'artisanat, en réaction à la rapide industrialisation du pays.

Sur les quelque 10 000 bâtisses qu'on dénombrait jadis, il n'en reste plus que 500 environ, les autres ayant été laissées à l'abandon après la Seconde Guerre mondiale. La plupart appartiennent aujourd'hui à l'État et sont considérées comme des monuments nationaux ; toutefois, certaines sont louées par des familles et des commerces. Très prisées des expatriés en raison de leurs vastes jardins et intérieurs (une rareté à Singapour), ces maisons se louent à prix d'or et pour un bail de deux ans minimum.

Si certaines *Black and Whites* sont parfois ouvertes au public, le plus simple pour en visiter une est de participer à une visite avec **Jane's SG Tours** (janestours.sg ; visites de groupe 65-95 $S). N'oubliez pas de réserver. À défaut, sachez que plusieurs restaurants y ont installé leurs quartiers – notamment sur Scotts Rd. Si vous êtes en manque de bonne cuisine italienne, nous vous conseillons le Buona Terra (p. 111).

88/108/128 $S, dîner 5 plats 178 $S ; 12h-15h et 18h-22h30 lun-ven, 18h-22h30 sam ; ; M Newton)

Gordon Grill INTERNATIONAL $$$

7 PLAN P. 108, D2

Tout en charme de jadis, le Gordon Grill est un véritable anachronisme. Logé dans un hôtel colonial au cœur de la très moderne Orchard Rd, l'endroit conjugue nappes impeccables et steaks réputés. Voilà peut-être l'occasion de s'offrir le bœuf wagyu, une petite folie commandée au poids, coupée à votre table et cuite selon vos désirs. (6730 1744 ; www.goodwoodparkhotel.com ; Goodwood Park Hotel, 22 Scotts Rd ; plats 42-62 $S, menu déj 3/4 plats 68/78 $S, menu dîner 4 plats 98 $S ; 12h-14h30 et 19h-22h30 ; ; M Orchard)

Killiney Kopitiam CAFÉ $

8 PLAN P. 108, F6

Commencez votre journée dans ce café historique, agrémenté de charmantes blagues aux murs. Commandez un *kopi* (café) bien fort, du pain grillé à la *kaya* (confiture de noix de coco) et un œuf à la coque. Après avoir décoiffé ce dernier, ajoutez une pointe de sauce de soja et de poivre blanc, puis saucez avec le pain grillé. (☎ 6734 3910 ; www.killiney-kopitiam.com ; 67 Killiney Rd ; plats 1-7 $S ; ⏲ 6h-22h lun et mer-sam, 6h-18h mar et dim ; M Somerset)

Wasabi Tei — JAPONAIS $$

9 PLAN P. 108, D3

Ce minuscule bar à sushis, où décor stratifié et murs lambrissés nous ramènent en 1972, est un secret bien gardé. Faites-vous une place au comptoir en Laminex et regardez le chef préparer habilement un savoureux poisson cru. À côté, le nouvel établissement est loin d'égaler l'original. Paiement en espèces uniquement. Le restaurant ne prend pas de réservations : arrivez avant l'afflux du déjeuner. (www.facebook.com/Wasabi-tei-sushi-bar-1613617892237632 ; 05-70 Far East Plaza, 14 Scotts Rd ; plats 12-35 $S ; ⏲ 12h-15h et 17h30-21h30 lun-ven, 12h-16h et 17h30-21h30 sam ; M Orchard)

Providore — CAFÉ $$

10 PLAN P. 108, E4

En haut de l'escalator extérieur de la Mandarin Gallery, le Providore est un café animé et agréable. Entre ses carreaux blancs, les détails industriels et les étagères soigneusement remplies de produits gourmands, dégustez un *latte* corsé, ou parcourez les classiques de son menu : muesli bio pour petit-déjeuner, salades et sandwichs mélangés, ou bien *mac' and cheese* au homard, forts en glucides le reste de la journée. Le brunch du week-end est particulièrement prisé : venez avant 11h. (☎ 6221 7056 ; www.theprovidore.com ; 02-05 Mandarin Gallery, 333A Orchard Rd ; plats 12,5-32,50 $S ; ⏲ 9h-22h30 ; 📶 ; M Somerset)

Signs A Taste Of Vietnam Pho — VIETNAMIEN $

11 PLAN P. 108, F5

Bols de bouillon savoureux et rouleaux de printemps vietnamiens ultrafrais sont les spécialités de cette adresse sans chichis. Anthony et Angela, les propriétaires, sont en cuisine. Montrez-vous souriant et Anthony vous apportera la carte sans tarder. Portions généreuses. (www.facebook.com/pages/category/Pho-Restaurant/Signs-A-Taste-Of-Vietnam-Pho-492638667797743/ ; B1-07 Midpoint Orchard, 220 Orchard Rd ; plats 5-8 $S ; ⏲ 11h-21h lun-sam ; M Somerset)

Tambuah Mas — INDONÉSIEN $$

12 PLAN P. 108, E4

Caché au sous-sol du Paragon, le Tambuah Mas accueille les expatriés indonésiens en mal de saveurs du pays. Moderne, lumineux et d'un bon rapport qualité/prix pour Orchard Rd. Tout ou presque est ici préparé

Les saveurs des *food courts*

En vous enfonçant dans les sous-sols de la plupart des *malls* d'Orchard Rd, vous découvrirez un *food court*, où des dizaines de stands culinaires proposent des plats du monde entier, fraîchement cuisinés. L'un des meilleurs est **Takashimaya Food Village** (plan p. 108, E4 ; ☎65-6506 0458 ; www.takashimaya.com.sg ; B2, Takashimaya Department Store, Ngee Ann City, 391 Orchard Rd ; plats 4-17 $S ; 10h-21h30 ; wifi ; M Orchard), souvent bondé et véritable catalogue des classiques japonais, coréens et d'autres cuisines d'Asie. Autre adresse de choix : **Food Republic** (plan p. 108, D4 ; ☎65-6737 9881 ; www.foodrepublic.com.sg ; Wisma Atria, 4e niv, 435 Orchard Rd ; plats 6-20 $S ; 10h-22h ; wifi ; M Orchard). Elle n'est pas vraiment en sous-sol, mais le principe est le même : cuisine appétissante, choix abondant et prix abordables. Des "*aunties*" (dames âgées serveuses) promènent par ailleurs des chariots chargés de boissons et de dim sums.

sur place. Le *rendang* de bœuf (curry épicé au lait de coco), l'un des meilleurs de la ville, en est l'illustration parfaite. Pas de réservations, du jeudi au samedi soir, arrivez donc tôt pour dîner. (☎6733 2220 ; www.tambuahmas.com.sg ; B1-44 Paragon, 290 Orchard Rd ; plats 8-35 $S ; 11h-22h ; wifi ; M Somerset)

Stand de crèmes glacées GLACIER $

13 PLAN P. 108, D4

Sur les façades flambant neuf des centres commerciaux haut de gamme d'Orchard Rd, vous verrez détonner quelques parasols ternis par les éléments. L'un d'eux dissimule un des en-cas favoris des Singapouriens : les sandwichs à la crème glacée. Désignez votre parfum, dont on glissera un morceau entre deux gaufrettes ou sur une tranche de pain arc-en-ciel moelleux. (Orchard Rd ; 1-1,50 $S ; 9h-21h ; M Orchard, Somerset)

Newton Food Centre HAWKER $

14 PLAN P. 108, F1

Ouvert en 1971, ce célèbre *hawker centre* a conservé son ambiance d'origine, parfois enfumée. On ne voit pas comment s'en lasser. Parmi les stands célèbres, citons Alliance (01-27 ; produits de la mer), Hup Kee Fried Oyster Omelette (01-73 ; dont la spécialité est, comme son nom l'indique, l'omelette frite aux huîtres) et Kwee Heng (01-13). Ne soyez pas déstabilisé par les rabatteurs, et souvenez-vous que les meilleurs étals se passent de publicité. (500 Clemenceau Ave Nth ; plats à partir de 2 $S ; 12h-2h ; M Newton)

Prendre un verre

Manhattan

BAR

15 PLAN P. 108, A4

Revivez l'âge d'or du cocktail dans cet élégant bar à la Mad Men, où des boissons oubliées sont ressuscitées, regroupées selon diverses époques de New York et renouvelées fréquemment. Les barmen en gilet se feront un plaisir de vous guider. Le dimanche, place aux huîtres fraîches et au cocktail-brunch (150 $S ; adultes seulement) avec Bloody Mary à concocter soi-même. N°8 du classement 2020 des meilleurs bars d'Asie : une adresse à ne pas manquer. (6725 3377 ; www.regenthotels.com/Singapore ; Regent, 2e niv, 1 Cuscaden Rd ; 17h-22h15 mar-sam ; M Orchard)

Other Room

BAR

16 PLAN P. 108, D3

Caché derrière une porte dérobée dans le vestibule du Singapore Marriott, ce débit de boissons redonne vie à une époque révolue. Pour entrer, vous devrez sonner. Muni d'une carte longue de 50 pages, vous passerez une soirée mémorable. Le mixologue primé Dario Knox ne plaisante pas avec les alcools. Un conseil : commencez par les spiritueux américains vieillis en fût de chêne. Les oiseaux de nuit se réjouiront de l'heure de fermeture, tardive pour Singapour. (6100 7778 ; www.theotherroom.com.sg ; 01-05 Singapore Marriott, 320 Orchard Rd ; 16h30-22h30 mar-sam ; M Orchard)

Newton Food Centre

Bars dans les ruelles

Si Emerald Hill Rd n'est pas tout à fait une ruelle, elle semble à des lieues de l'ambiance frénétique qui règne sur Orchard Rd, non loin. En sortant du travail, les employés aiment fréquenter ses bars, agglutinés dans des *shophouses* peranakans séculaires. La vedette revient au bar à buveurs **Ice Cold Beer** (plan p. 108, F4 ; 6735 9929 ; www.ice-cold-beer.com ; 9 Emerald Hill Rd ; 14h-22h15 lun-ven, 12h-22h15 sam-dim ; M Somerset) : néons, jeux de fléchettes, billard, pin-up espiègles (mais pudiques) aux murs et happy hour quotidienne (17h-21h). Pour une soirée un tantinet plus distinguée, essayez le **Que Pasa** (plan p. 108, F4 ; 6235 6626 ; www.quepasa.com.sg ; 7 Emerald Hill Rd ; 13h30-2h lun-jeu, 13h30-3h ven et sam, 17h30-2h dim ; M Somerset), où vous attend une longue carte des vins.

TWG Tea
SALON DE THÉ

Ce fournisseur distingué de thés du monde entier, basé dans le centre commercial ION (voir 19 plan p. 108, D4) en détaille plus de 800 variétés et mélanges d'origine unique, du classique English breakfast à des produits ultrachics comme le Grand Golden Yin Zhen, enrobé d'or 24 carats ! On peut y grignoter macarons (le *bain de roses* est divin), glaces et sorbets infusés au thé. Repas servis toute la journée. (6735 1837 ; www.twgtea.com ; 02-21 ION Orchard, 2 Orchard Rd ; 10h-22h ; ; M Orchard)

Bar Canary
BAR

17 PLAN P. 108, E4

Avec ses fauteuils jaune canari, sa pelouse artificielle et ses oiseaux, ce bar à ciel ouvert domine la frénétique Orchard Rd et sa circulation bourdonnante. Fabuleux pour siroter un verre en soirée au gré des ventilateurs bien disposés. Réservez au moins une semaine à l'avance pour assister à la soirée "filles" du mercredi soir (55 $S, hors taxes) et profiter du champagne, de la cuvée du patron, et de cocktails choisis à volonté de 19h à 21h. (6603 8855 ; www.parkhotelgroup.com/orchard ; Park Hotel Orchard, 4e niv, 270 Orchard Rd, entrée par Bideford Rd ; 15h-22h30 ; ; M Somerset)

Privé
CAFÉ

18 PLAN P. 108, C3

Sur la terrasse de ce café à la parisienne occupant une zone piétonnière, vous serez aux premières loges pour voir la masse qui défile sur Orchard Rd. Menu de café correct, soupes, pâtes et petit-déjeuner servi toute la journée. Belle carte des cocktails et des vins, et plus de 15 whiskies. Happy hour de 17h à 20h. Pour obtenir une bonne table, pensez à réserver. (☎6776 0777 ; www.theprivegroup.com.sg ; 01-K1 Wheelock Place, 501 Orchard Rd ; ⌚9h-23h, dernier service 22h30 ; Ⓜ Orchard)

Shopping

ION Orchard Mall

CENTRE COMMERCIAL

19 PLAN P. 108, D4

S'élevant juste au-dessus de la station MRT d'Orchard, ce *mall* futuriste est le plus prisé de ceux d'Orchard Rd. Les niveaux inférieurs accueillent des enseignes abordables comme Zara et Uniqlo. Les étages supérieurs ressemblent aux pages de *Vogue*. Les options de restauration vont de la cuisine rapide de *food court* à la gastronomie raffinée. La tour contiguë, de 56 étages, est dominée par l'**ION Sky** (gratuit ; ⌚14h-20h30), une galerie d'observation panoramique. (☎6238 8228 ; www.ionorchard.com ; 2 Orchard Turn ; ⌚10h-22h ; Ⓜ Orchard)

Tanglin Shopping Centre

CENTRE COMMERCIAL

20 PLAN P. 108, B3

Ce *mall* rétro, spécialisé dans l'art asiatique, est l'endroit par excellence où se procurer tapis de qualité, sculptures, ornements, bijoux, peintures et meubles. Mention spéciale pour **Antiques of the Orient** (☎6734 9351 ; www.aoto.com.sg ; ⌚11h-17h30 mar-sam), qui vend des gravures originales et des reproductions, des photographies, ainsi que des cartes de Singapour et d'Asie. Les dessins botaniques colorés commandés par le colon britannique William Farquhar sont particulièrement splendides. (☎6737 0849 ; www.tanglinsc.com ; 19 Tanglin Rd ; ⌚10h-22h ; Ⓜ Orchard)

Paragon

CENTRE COMMERCIAL

21 PLAN P. 108, E4

Même si vous n'avez pas un crédit illimité, faites un détour par la Rolls des *malls* d'Orchard Rd et ses enseignes prestigieuses (Burberry, Prada, Jimmy Choo, Gucci) ou plus abordables comme Ted Baker et G-Star Raw. Au sous-sol, vous trouverez le roi du ravioli asiatique **Din Tai Fung** (☎6836 8336 ; www.dintaifung.com.sg ; beignets 2 $S, raviolis 5-16 $S ; ⌚11h30-21h30 lun-jeu, 11h30-22h ven, 11h-22h sam, 11h-21h30 dim) ainsi qu'un grand supermarché Cold Storage (Market Place). (☎6738 5535 ; www.paragon.com.sg ; 290 Orchard Rd ; ⌚10h-22h ; 📶 ; Ⓜ Somerset)

Tangs

GRAND MAGASIN

22 PLAN P. 108, D3

Depuis son inauguration il y a plus de 85 ans, Tangs est progressivement devenu une institution singapourienne. Prisé de toutes les générations, ce grand magasin sur 5 niveaux vend des costumes, des tenues de soirée et des articles de *street wear* dans son immense section vêtements, ainsi que des produits électroniques, des chaussures et d'excellents articles pour la maison. (6737 5500 ; www.tangs.com ; 310 Orchard Rd ; 11h30-20h30 ; ; M Orchard)

Ngee Ann City CENTRE COMMERCIAL

23 PLAN P. 108, E4

On est étourdi par le nombre de boutiques réparties sur les 7 niveaux de ce mastodonte de marbre et de granit. Les marques de luxe côtoient des enseignes comme **Kinokuniya** (6737 5021 ; www.kinokuniya.com.sg ; 10h-21h30), immense paradis des lecteurs, et le grand magasin japonais **Takashimaya** (6738 1111 ; www.takashimaya.com.sg ; 10h-21h30 ;), siège de Takashimaya Food Village (p. 114), l'un des meilleurs *food courts* du boulevard. (6506 0461 ; www.ngeeanncity.com.sg ; 391 Orchard Rd ; 10h-21h30, restaurants jusqu'à 23h ; M Somerset)

Beyond the Vines VÊTEMENTS

24 PLAN P. 108, E4

Cette marque singapourienne pour femmes propose des vêtements basiques et fonctionnels mais splendides, dans des teintes pastel douces. Parcourez ses penderies modernes en laiton et remarquez les prix étonnamment raisonnables de ces articles à assortir, mêlant entre autres jersey, coton et soie. (8777 1810 ; www.beyondthevines.com ; B1-42/46 Takashimaya Shopping Centre, Ngee Ann City, 391 Orchard Rd ; 11h-21h ; M Somerset)

Wheelock Place

In Good Company — VÊTEMENTS

Cette marque nationale, l'une des plus appréciées, est en plein essor depuis l'ouverture il y a tout juste 4 ans de sa boutique phare dans le chic ION Orchard Mall (voir 19 plan p. 108, D4). L'intérieur entièrement blanc, avec étagères industrielles noires, bois clairs, granit et béton poli crée une ambiance zen pour découvrir l'esthétique moderne aux formes géométriques de la marque, qui propose aussi de sublimes colliers.

Cachée à l'arrière se trouve une succursale de la Plain Vanilla Bakery (p. 83), éden des amateurs de cupcakes. (6509 4786 ; www.ingoodcompany.asia ; B1-06 ION Orchard, 2 Orchard Turn ; 10h-21h ; M Orchard)

Orchard Gateway — CENTRE COMMERCIAL

25 PLAN P. 108, F5

Installé de part et d'autre d'Orchard Rd – deux sections connectées par un passage souterrain et une passerelle aérienne –, ce *mall* abrite les boutiques de mode branchées **Sects Shop** (9754 7355 ; www.sectsshop.com ; 12h-21h) et **i.t** (6702 7186 ; www.itlabels.com.sg ; 11h-21h, 11h-22h ven-sam).

Messieurs, pour acheter vêtements et accessoires de bon goût, rendez-vous au niveau 4. (6513 4633 ; www.orchardgateway.sg ; 277 et 218 Orchard Rd ; 10h30-22h30 ; M Somerset)

Fidélité thaïlandaise

Beaucoup de visiteurs s'étonnent de l'étendue de la propriété de l'ambassade thaïlandaise, dans un quartier si onéreux, où le moindre espace disponible voit surgir un nouveau *mall*. Dans les années 1990, on aurait offert à l'État thaïlandais 139 millions de dollars singapouriens pour le site. Le gouvernement déclina, au motif que vendre l'ambassade constituerait une offense à la mémoire du vénéré roi Chulalongkorn (Rama V), qui en fit l'acquisition en 1983 pour 9 000 $S. Les investisseurs peuvent toujours attendre.

Wheelock Place — CENTRE COMMERCIAL

26 PLAN P. 108, C3

Reliée à l'ION Orchard et au MRT par une passerelle souterraine, Wheelock Place n'est pas faite que de spas et de salons d'épilation au laser, on y trouve aussi des cafés et des restaurants et bien sûr, des boutiques de vêtements et d'accessoires de mode. Les gentlemen coquets apprécient particulièrement les chemises, costumes et accessoires dans le vent de Benjamin Baker. (www.wheelockplace.com ; 501 Orchard Rd ; 10h-22h ; M Orchard)

Vaut le détour

Singapore Zoo

Le zoo de Singapour est un véritable éden de verdure tropicale, où les bêtes évoluent librement dans de vastes enclos recréant leur habitat naturel. Les activités interactives y sont nombreuses : on peut y petit-déjeuner avec les orangs-outans, esquiver les roussettes, s'approcher des paresseux accrochés aux arbres et même explorer la réplique d'un village africain. Ses 26 ha s'étendent sur une péninsule calme et luxuriante bordée par l'Upper Seletar Reservoir. Immanquable, surtout avec des enfants !

6269 3411

www.wrs.com.sg

80 Mandai Lake Rd

adulte/3-12 ans/-3 ans 41/28 $S/gratuit

8h30-18h dernière entrée 17h

Un petit-déjeuner avec les orangs-outans

Un délicieux **petit-déjeuner dans la jungle** (Ah Meng Restaurant ; adulte/6-12 ans/-6 ans 35/25 $S/gratuit ; ⏲9h30-10h) en compagnie des orangs-outans, stars du zoo. Si vous arrivez trop tard, vous pouvez vous faire prendre en photo avec eux dans la zone où ils évoluent librement (Free Ranging Orang-utan Island, 11h, 15h30 et 16h30). Vous pouvez utiliser votre propre appareil.

Fragile Forest

Ce biodôme géant reconstitue les différentes strates d'une forêt pluviale. On y croise de très près des papillons et des perroquets colorés, des roussettes de Malaisie et d'imperturbables lémurs à queue annelée. Le sentier mène jusqu'à la canopée et aux pensionnaires les plus détendus du dôme : les paresseux.

Vallée du Grand Rift d'Éthiopie

Babouins hamadryas, bouquetins de Nubie, mangoustes rayées, chacals à chabraque et damans du Cap peuplent cette charmante reproduction de la vallée du Grand Rift d'Éthiopie faite de falaises, de cascades et d'un cours d'eau. Avec leurs cases, les répliques de villages donnent un aperçu des rudes conditions de vie dans cette région.

Rainforest Kidzworld

Toboggans, balançoires et carrousel : vos petits courront en liberté dans le coloré **Rainforest Kidzworld** (tour de carrousel/poney 4/6 $S par pers ; ⏲9h-18h ; 🚌138). Les enfants pourront faire un tour en poney, nourrir les animaux de la ferme et jouer sur l'aire aquatique tant qu'ils le voudront. Pensez aux maillots de bain (en vente sur place également).

★ À savoir

- Tâchez d'arriver pour l'ouverture (8h30). Non seulement il fait plus frais, mais les animaux sont plutôt matinaux.
- La visite du zoo peut être combinée avec le Night Safari (p. 122), à proximité.
- Horaires des repas des animaux disponibles sur le site Web.
- 5% de réduction sur les billets achetés en ligne. Que vous comptiez visiter le zoo, le Night Safari, le River Safari et/ou le Jurong Bird Park, envisagez les billets combinés (jusqu'à 50% d'économie).

✗ Une petite pause ?

Les restaurants servent aussi bien de la cuisine de fast-food que les standards locaux.

★ Comment y aller

Prenez la ligne rouge du MRT jusqu'à Ang Mo Kio, puis le bus n°138. Un taxi depuis le CBD revient à 25 $S environ.

Vaut le détour

Night Safari (safari nocturne)

Jouxtant le Singapore Zoo, le très populaire safari nocturne offre une expérience inédite : les barrières semblent s'évaporer pour donner une sensation de proximité dans une jungle abritant plus de 130 espèces telles que lions, léopards et éléphants. Les troupeaux d'antilopes, qui se baladent souvent à quelques centimètres des trams, ajoutent à l'ambiance.

6269 3411

www.wrs.com.sg

80 Mandai Lake Rd

adulte/12-3 ans/-3 ans 55/38 $S/gratuit

18h30-12h jeu-dim

Circuit en auto-tram

À votre arrivée, faites la queue pour le tram. La visite guidée à bord de l'un de ces engins silencieux et sans fenêtres offre un bon premier contact avec les animaux et leurs différents habitats. Le parcours dure 40 min, mais nous vous conseillons vivement de profiter d'un arrêt pour vous enfoncer dans le parc. C'est de la deuxième ou troisième voiture qu'on a la meilleure vue.

Circuits de randonnée

Sur place, 4 sentiers offrant 20 à 30 min de promenade chacun s'entrecroisent. Sur le Leopard Trail ("circuit du léopard"), où vous ne serez qu'à quelques centimètres des félins sauvages tachetés, vous pourrez aussi observer des écureuils volants géants. Le Fishing Cat Trail ("circuit du chat pêcheur") vous permettra d'observer de gros chats ravis de barboter dans l'eau, ainsi que la roussette de Malaisie, la plus grande chauve-souris au monde. Le Wallaby Trail ("circuit du wallaby") permet de se balader dans l'habitat de l'animal éponyme, tandis que les babiroussas et l'élégant tigre de Malaisie, menacé d'extinction, peuplent le remarquable East Lodge Trail ("circuit de randonnée de l'East Lodge"). Portez des chaussures confortables et pensez à prendre répulsif à insectes et parapluie au cas où.

Créatures de la nuit

Vos enfants sont du voyage ? **Creatures of the Night** (19h30, 20h30, 21h30, plus 22h30 ven-sam), spectacle interactif de 25 min avec binturongs (petit carnivore aussi appelé "chat-ours"), civettes et une hyène pour vedettes peut leur plaire. Le placement étant libre, mieux vaut arriver à l'avance pour s'assurer une vue dégagée. Attention : annulations possibles par temps humide. Les défenseurs de la cause animale critiquent néanmoins ces spectacles, car la captivité et la proximité de l'homme sont source de stress pour les animaux.

★ À savoir

- Le dernier train MRT partant d'Ang Mo Kio à 23h30, il est conseillé de prendre un bus vers 22h45 au retour.
- Flashs interdits. Attention : il est déjà arrivé que le personnel interrompe une visite à cause des contrevenants à cette règle.

Une petite pause ?

Devant l'entrée, vous aurez l'embarras du choix.

Pour des spécialités locales, testez l'**Ulu Ulu Safari Restaurant** (6360 8560 ; Entrance Plaza ; buffet adulte/6-12 ans à partir de 29/19 $S, plats 17-36 $S ; 18h30-22h jeu-dim), qui propose buffet et plats à la carte.

★ Comment y aller

Prenez la ligne rouge MRT jusqu'à Ang Mo Kio, puis le bus n°138. Un taxi depuis le CBD revient à 25 $S environ.

Explorer

Holland Village, Dempsey Hill et Botanic Gardens

Avec son côté chic et sain, ses boutiques et ses cafés emplis d'élégantes à l'heure du déjeuner, Holland Village offre une tranche de vie d'expatriés intéressante. Plus verdoyant encore, Dempsey Hill, ancien quartier militaire, déborde d'antiquaires, de boutiques et de cafés paisibles. Mais le jardin botanique voisin et son mélange d'orchidées rares et de forêt pluviale les éclipsent tous les deux.

Notre sélection

- ***Singapore Botanic Gardens (p. 126)**. Prenez un grand bol d'air dans ce refuge à la végétation luxuriante.*
- ***National Orchid Garden (p. 127)**. Un étalage impressionnant de la beauté et de la formidable variété des orchidées.*
- ***Dempsey Hill (p. 132)**. Magasins d'objets anciens, galeries... Parfait pour ramener des souvenirs originaux.*
- ***Candlenut (p. 130)**. La cuisine peranakan étoilée au Michelin du quartier colonial de Dempsey Hill.*

Comment y aller et circuler

M Les Botanic Gardens et Holland Village ont tous deux une station homonyme.

Pour rejoindre Dempsey Hill, empruntez les bus n°s 7, 75, 77, 105, 106, 123 ou 174 sur Orchard Blvd, derrière la station MRT Orchard. Descendez deux arrêts après les Singapore Botanic Gardens, puis remontez sur la gauche. Les bus n°s 75 et 106, entre autres, relient Holland Village à Dempsey Hill.

Plan du quartier p. 128

Singapore Botanic Gardens (p. 126) simonlong/Getty Images ©

Les incontournables

Singapore Botanic Gardens

Ces jardins botaniques procurent un apaisement immédiat. Plus que des pelouses et des lacs pour pique-niquer, l'étendue verte la plus célèbre de Singapour, tout au bout d'Orchard Rd, abrite une forêt tropicale humide vierge, des jardins à thème, de surprenantes orchidées et des concerts gratuits de temps en temps. Inspirez, expirez !

PLAN P. 128, H5

1800 471 7300

www.nparks.gov.sg/sbg

1 Cluny Rd

entrée libre

5h-0h

P ; 7, 75, 77, 105, 106, 123, 174 ;

M Botanic Gardens

National Orchid Garden

La désormais célèbre culture d'orchidées a débuté en 1928, et le **jardin national des Orchidées** (tarif plein/réduit/-12 ans 15/3 $S/gratuit ; ⌚8h30-19h, dernière entrée 18h) en retrace l'histoire sur 3 ha. Avec à ce jour plus de 1 000 espèces et 2 000 hybrides, dont près de 600 sont exposées, c'est le plus grand jardin d'orchidées tropicales sur Terre.

Learning Forest

La dernière-née de ces jardins permet aux visiteurs d'explorer encore plus d'habitat forestier. Avec ses nombreuses passerelles en bois et ses passages surélevés, vous pourrez quasiment marcher sur les marais et toucher la cime des arbres. Vous pourrez faire une pause en vous allongeant dans le Canopy Web, sorte de toile d'araignée tissée autour des arbres de la passerelle s'élevant au-dessus de la canopée, bercé par les bruits de la forêt.

Ginger Garden

Vous croyiez qu'il n'existait qu'un seul type de gingembre ? Avec plus de 250 représentants des zingibéracées répartis sur 1 ha à côté du National Orchid Garden, le petit **jardin des Gingembres** (gratuit ; ⌚5h-0h) mettra les points sur les *i*. C'est également là que le restaurant Halia (p. 132) a fait de cette plante sa vedette. Parmi les figurants : les méconnues lowiacées, dont les fleurs rappellent les orchidées.

Jacob Ballas Children's Garden

Un **superbe endroit** (entrée libre, enfant jusqu'à 14 ans accompagné d'un adulte ; ⌚8h-19h mar-dim) pour mettre les enfants en contact avec la nature qui les entoure. Jardin sensoriel, explications sur la magie de la photosynthèse, ponts suspendus ou de rondins, aire de jeux forestières et aquatiques… Une chose est certaine, les petits ne s'ennuieront pas.

★ À savoir

- D'excellentes visites guidées sont proposées bénévolement chaque samedi. Horaires et thèmes figurent sur le site Web.
- Des spectacles d'opéra gratuits, indiqués sur le site Web, sont parfois organisés au Symphony Lake.
- Achetez de l'eau quand vous en voyez ! La signalétique n'est pas toujours cohérente, et rebrousser chemin n'est pas si amusant, *a fortiori* lorsqu'on est assoiffé.

✕ Une petite pause ?

Pour un dîner romantique au Ginger Garden, réservez une table chez Halia (p. 132).

Pour un vrai dîner en plein air, commandez votre pique-nique chez **Casa Verde** (plan p. 128, H3 ; ☎6467 7326 ; www.casaverde.com.sg ; plats 10-20 $S, pizzas 24 $S ; ⌚7h30-19h30 lun-ven, 7h30-20h30 sam-dim ; 👪🐾).

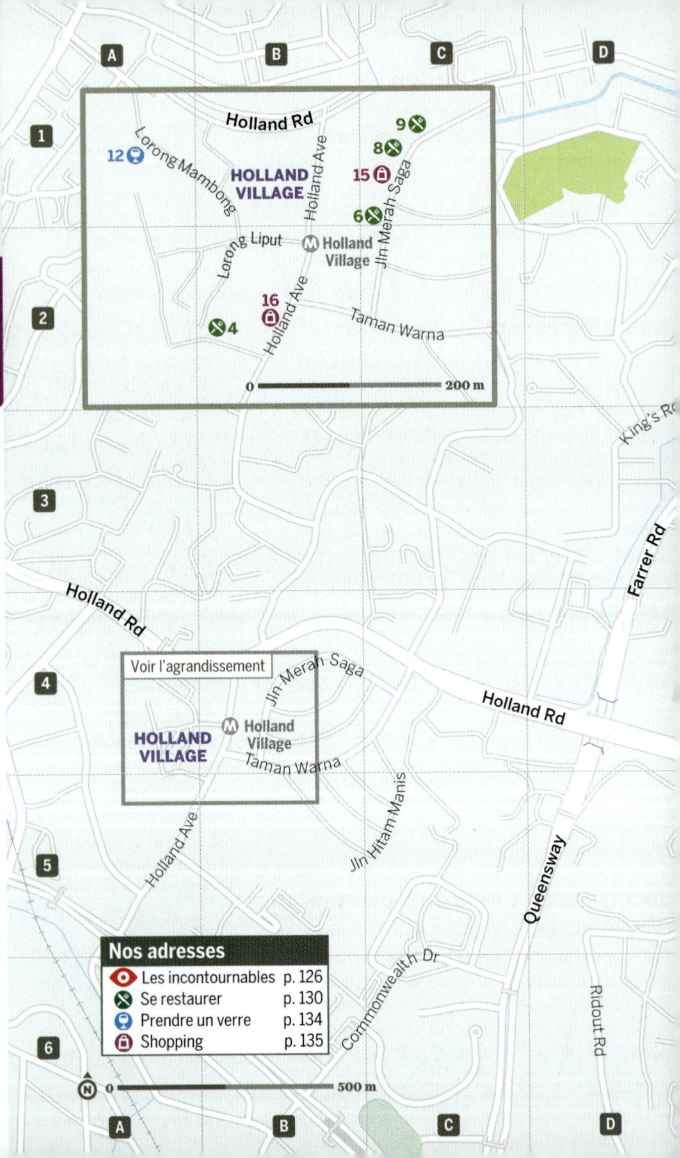

Nos adresses

Les incontournables	p. 126
Se restaurer	p. 130
Prendre un verre	p. 134
Shopping	p. 135

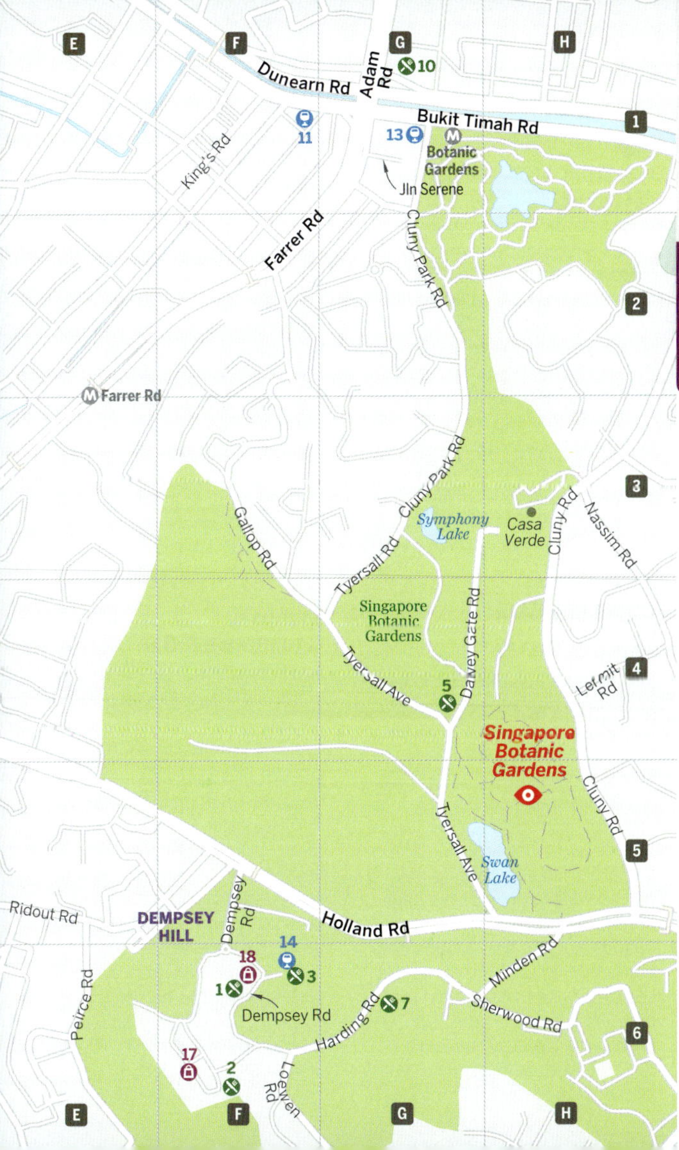
E
F
G
H
1
2
3
4
5
6
Dunearn Rd
Adam Rd
10
Bukit Timah Rd
11
13
Botanic Gardens
Jln Serene
King's Rd
Farrer Rd
Cluny Park Rd
Farrer Rd
Cluny Park Rd
Symphony Lake
Casa Verde
Cluny Rd
Nassim Rd
Gallop Rd
Tyersall Rd
Singapore Botanic Gardens
Dalvey Gate Rd
Tyersall Ave
5
Lermit Rd
Singapore Botanic Gardens
Cluny Rd
Tyersall Ave
Swan Lake
Ridout Rd
DEMPSEY HILL
Dempsey Rd
Holland Rd
14
18
3
1
Minden Rd
Dempsey Rd
Harding Rd
7
Sherwood Rd
Peirce Rd
17
2
Loewen Rd

Se restaurer

Candlenut PERANAKAN $$

1 PLAN P. 128, F6

Premier et unique restaurant peranakan étoilé pour le moment, le Candlenut est le restaurant où les Singapouriens invitent leurs amis étrangers pour les impressionner. Son chef, Malcolm Lee, ne se contente pas d'une simple cuisine chinoise classique : il lui fait atteindre de nouveaux sommets. La majorité des plats sont formidables, même si la cuisine nonya y perd un peu son latin ! (1800 304 2288 ; www.comodempsey.sg ; Block 17A, Dempsey Rd ; plats 20-42 $S ; 12h-14h30 et 18h-21h30 tlj ; 7, 75, 77, 105, 106, 123, 174)

Chopsuey Cafe CHINOIS $$$

2 PLAN P. 128, F6

Ventilateurs au plafond, musique grésillante des années 1930 et chaises en rotin – le Chopsuey maîtrise parfaitement le chic colonial. Revisitant d'anciennes recettes sino-américaines, l'endroit vaut surtout la visite pour le *yum cha*, servi au déjeuner. Le porc grillé et salade de noix de coco, les raviolis de homard croustillants et le *san choi bao* (viande hachée servie dans des feuilles de laitue) se distinguent. Le comptoir en marbre est idéal pour les convives seuls. (6708 9288 ; www.chopsueycafe.com ; 01-23, Block 10, Dempsey Rd ; beignets 7-15 $S, plats 12-46 $S ; 11h30-22h30 tlj ; 7, 75, 77, 105, 106, 123, 174)

Long Beach Seafood FRUITS DE MER $$$

3 PLAN P. 128, F6

L'une des meilleures chaînes de restaurants de fruits de mer de Singapour. Installez-vous sur la véranda pour admirer l'épaisse forêt tropicale tout en attaquant le crabe au poivre noir, devenu culte, prétendument inventé par l'enseigne d'origine. Ouvert nettement plus tard que nombre de restaurants de la ville. (6323 2222 ; www.longbeachseafood.com.sg ; 01-01, Block 25, Dempsey Rd ; plats 12-38 $S, crabe environ 70 $S/kg ; 11h-23h dim-jeu, 11h-23h30 ven et sam ; 7, 75, 77, 105, 106, 123, 174)

Dempsey Cookhouse & Bar BISTROT $$$

Avec son élégant thème noir et blanc, son haut plafond ponctué de lanternes démesurées et ses touches de végétation tropicale, ce restaurant (voir 1 plan p. 128, F6), ouvert par Jean-Georges Vongerichten, l'un des chefs les plus réputés de New York, ne vous laissera pas de marbre. Délaissez son emblématique œuf-caviar au profit d'une *burrata* (fromage italien à pâte filée) onctueuse à la confiture de citron, suivie d'un vivaneau en croûte d'épices. (1800 304 5588 ; www.comodempsey.sg ; Block 17D, Dempsey Rd ; plats 18-85 $S ; déj 12h-14h30 lun-ven, dîner 18h-21h

Halia (p. 132)

lun-jeu et dim, 18h-22h ven et sam, brunch 11h30-15h sam-dim ; 7, 75, 77, 105, 106, 123, 174)

Blu Kouzina

GREC $$$

En entrant dans ce vaste restaurant animé (voir 2 plan p. 128, F6) on est convié à un festin. Assis à de grandes tables, on y partage des assiettes de viandes succulentes, de fruits de mer grillés et de salades savoureuses. Ne manquez pas le *saganaki* (fromage) aux figues, à accompagner d'un honorable vin grec. (6875 0872 ; www.blukouzina.com/sg ; 01-21, Block 10, Dempsey Rd ; plats 15-60 $S, plateaux à partager à partir de 59 $S ; 11h30-14h30 et 17h30-21h30 ; 7, 75, 77, 105, 106, 123, 174)

2am: dessertbar

DESSERTS $$

4 PLAN P. 128, B2

Desserts raffinés, vins et cocktails : voici la recette de cette adresse discrète et chic. Si la carte comprend des plats salés comme le burger au porc ou le *mac' and cheese*, on vient avant tout pour les délices sucrés de Janice Wong : tarte au chocolat, bombe glacée cassis-prune et écume de yaourt à la fleur de sureau, *granita* de Choya (liqueur de prune japonaise) et perles de yuzu (agrume japonais), etc. Réservez pour dîner du jeudi au samedi. (6291 9727 ; www.2amdessertbar.com ; 21A Lorong Liput ; plats 15-24 $S ; 13h-0h mar-dim ; M Holland Village)

Halia

FUSION $$$

5 PLAN P. 128, G4

Plantée au cœur du jardin botanique, cette adresse agréable fait écho aux plants de gingembre qui l'entourent en utilisant ce condiment dans plusieurs plats. À la carte, une cuisine métissée et maîtrisée (*spaghettini* crabe et piment). En semaine, la formule déjeuner (2/3 plats 28/34 $S) offre un excellent rapport qualité/prix. Menus végétarien et enfants, plus brunch (10h-17h) le week-end ; le restaurant ne prend pas de réservations. Pas de boissons alcoolisées, mais des cocktails de fruits rafraîchissants. (8444 1148 ; www.thehalia.com ; 1 Cluny Rd, Singapore Botanic Gardens ; plats 26-70 $S ; 9h-20h30 lun-ven, 10h-20h30 sam-dim ; ; 7, 75, 77, 105, 106, 123, 174, M Botanic Gardens)

Original Sin

VÉGÉTARIEN $$

6 PLAN P. 128, C1

Tissus éclatants, nappes impeccables et jolis verres créent une ambiance élégante et chic pour des plats végétariens raffinés, tels le poivron rôti, épicé et farci au quinoa ou la moussaka d'aubergine. Dans une rue résidentielle parsemée de restaurants. Si possible, réservez en terrasse. (6475 5605 ; www.originalsin.com.sg ; 01-62, 43 Jln Merah Saga ; plats 20-29 $S ; 11h30-14h30 et 18h-22h30 ; ; M Holland Village)

White Rabbit

INTERNATIONAL $$$

7 PLAN P. 128, G6

Datant des années 1930, la chapelle Ebenezer de Dempsey Hill a été ressuscitée en un bar-restaurant raffiné servant une cuisine européenne réinventée

Caserne de Tanglin (Dempsey Hill)

Édifiée en 1861, la caserne de Tanglin (désormais connue sous le nom de Dempsey Hill) est l'une des premières de Singapour. Les bâtiments d'origine, des baraquements en bois spacieux et hauts surmontés par des toits en chaume d'*attap* (palmiers d'eau), pouvaient loger 50 hommes. Pavillons hospitaliers, lavoirs, cuisines, bibliothèque, salle de lecture, école et résidences d'officiers faisaient partie des installations. Lors des grands travaux de 1934 à 1936, les lumineuses vérandas furent démolies pour générer plus d'espace intérieur, mais les toits en tuiles rouges – venues remplacer les chaumes – furent heureusement conservés. Après avoir abrité les forces militaires britanniques durant plus d'un siècle, la caserne servit de siège au ministère de la Défense de 1972 à 1989, avant de devenir un endroit haut de gamme où déjeuner.

telles les tagliatelles au crabe royal d'Alaska et les plats de côtes cuits 36 heures et glacés au porto Ruby. Le brunch du week-end (11h-15h30) comprend des classiques comme les œufs et les gaufres, mais se permet des fantaisies en proposant aussi huîtres et burgers au bœuf wagyu.

Le Rabbit Hole, son bar sis dans un jardin, sert gin artisanal et tonic maison. (☎6473 9965 ; www.thewhiterabbit.com.sg ; 39C Harding Rd ; formule 2/3 plats 38/42 $S, plats 28-65 $S ; ⏲fermé pour rénovation jusque fin 2021 ; 🚌7, 75, 77, 105, 106, 123, 174)

Sunday Folks

DESSERTS **$$**

8 PLAN P. 128, C1

Pour les envies gourmandes, direction ce lieu spacieux, de style industriel, et ses délicieuses douceurs faites main. On y vient pour ses gaufres fondantes couronnées d'une montagne de glace à l'italienne, disponibles en 4 parfums. Notre préférée ? La *gula melaka* (sucre de palme) au sel de mer. Pour les garnitures, laissez libre cours à votre envie. (☎6479 9166 ; www.sundayfolks.com ; 01-52, 44 Jln Merah Saga ; gaufres 10-20 $S ; ⏲13h-22h mar-ven, 12h-22h sam et dim ; M Holland Village)

Da Paolo Pizza Bar

ITALIEN **$$**

9 PLAN P. 128, C1

Forte de son succès, la chaîne Da Paolo possède deux établissements rien que dans cette rue : une épicerie-café (au 118 Holland Ave) et ce bistrot raffiné avec terrasse. Sous un plafond tendu de peaux de vache, une clientèle d'expatriés se régale de délicieuses pizzas à pâte fine, de pâtes bien préparées et d'un brownie bien chaud. Formule déjeuner en semaine d'un bon rapport qualité/prix (23 $S) et happy hours une achetée une offerte (12h-14h30 et 17h30-19h30). (☎6479 6059 ; www.dapaolo.com.sg/pizzabar ; 01-46, 44 Jln Merah Saga ; pizzas 20-31 $S, pâtes 22-28 $S ; ⏲11h30-14h30 et 17h30-22h30 lun-ven, 11h-22h30 sam-dim ; M Holland Village)

Adam Road Food Centre

HAWKER **$**

10 PLAN P. 128, G1

D'après les gens du coin, ce *hawker centre* fait le meilleur *nasi lemak* (riz au lait de coco servi avec des anchois frits et des cacahuètes, accompagné d'un plat au curry) de la ville. Patientez au Selera Rasa Nasi Lemak (étal 01-02) pour goûter ce plat que Lee Hsien Loong (le Premier ministre singapourien) aurait servi à Joko Widodo (le président indonésien) en 2014. (angle Adam Rd et Dunearn Rd ; plats à partir de 2,50 $S ; ⏲7h-22h30 lun-ven et dim, jusqu'à minuit sam ; M Botanic Gardens)

Prendre un verre

Atlas Coffeehouse

CAFÉ

11 PLAN P. 128, F1

Les amoureux de caféine ne résistent pas à ce vaste café au décor industriel ainsi qu'à son mélange maison de grains Two Degrees North Coffee Co guatémaltèques et brésiliens. Si vous préférez boire froid, testez le Black Bird pour déguster un café infusé à froid, à l'azote et thé noir glacé : l'idéal par une chaude journée. (6314 2674 ; www.atlascoffeehouse.com.sg ; 6 Duke's Rd ; 8h-19h mar-dim ; M Botanic Gardens)

Wala Wala Café Bar

BAR

12 PLAN P. 128, A1

Bondé le week-end (et la plupart des soirs aussi), le Wala Wala propose des concerts à l'étage : premières parties à 19h, du lundi au vendredi. Place ensuite aux groupes phares à partir de 20h. Les fans de foot se réunissent devant les grands écrans du rez-de-chaussée. Le soir, comme dans la plupart des établissements voisins, des tables sont installées sur la rue. (6462 4288 ; www.walawala.sg ; 31 Lorong Mambong ; 15h-22h30 tlj ; M Holland Village)

Long Beach Seafood (p. 130)

RYAN LIM ©

Une matinée bien active

Si vous êtes en manque d'exercice, gagnez le jardin botanique (p. 126) de bon matin et joignez-vous à tous ceux qui viennent ici pour marcher, courir, pratiquer le yoga ou suivre un entraînement intensif. Guettez les captivants cours de taï chi – avec éventails ou sabres de préférence. Vous trouverez quantité d'abris en cas de pluie. En revanche, les fontaines à eau sont plus difficiles à localiser, d'où l'intérêt de prévoir sa bouteille d'eau. Ensuite, offrez-vous un petit-déjeuner à la **Casa Verde** (plan p. 128), au sein du Nassim Gate Visitors Centre, ou à Gastronomia (p. 135), juste à l'extérieur de la réserve de Bukit Timah et à proximité de la station de MRT Botanic Gardens.

Gastronomia

CAFÉ

13 PLAN P. 128, G1

Situé juste en face de la station de MRT Botanic Gardens, ce café décontracté offre une pause idéale avant ou après la visite du jardin botanique. Installez-vous sur la véranda aérée ou commandez un café à emporter, avant de monter explorer les boutiques de vêtements et d'articles pour la maison visant les expatriés locaux. (6468 7010 ; www.dapaolo.com.sg/gastronomia ; 01-01 Cluny Ct, 501 Bukit Timah Rd ; 7h30-22h ; M Botanic Gardens)

RedDot Brewhouse

MICROBRASSERIE

14 PLAN P. 128, F6

Nichée dans un coin tranquille de Dempsey Hill, la RedDot brasse depuis des années ses propres bières. La cuisine étant moyenne, concentrez-vous sur les boissons, à siroter au son des perroquets. Sept bières sont disponibles à la pression (à partir de 12 $S la pinte), dont une étonnante bière verte à la spiruline. Happy hour de 12h à 19h, à 9 $S la pinte. (6475 0500 ; www.reddotbrewhouse.com.sg ; 01-01, Block 25A Dempsey Rd ; 11h30-22h20 mar-sam, 11h30-22h dim-lun ; 7, 75, 77, 105, 106, 123, 174)

Shopping

Bynd Artisan

ARTISANAT

15 PLAN P. 128, C1

Les amateurs de fournitures de bureau personnalisées et d'articles en cuir adoreront ce sublime magasin, qui affiche fièrement son excellence artisanale. Choisissez un journal intime fait main ou personnalisez le vôtre (avec votre nom en relief !). Sinon, achetez des accessoires de voyage en cuir ou des bijoux. Pour parfaire l'expérience, inscrivez-vous à un cours (à partir de 23 $S) de travail du cuir ou de calligraphie. (6475 1680 ; www.byndartisan.com ; 01-54, 44 Jln Merah Saga ; 10h-20h ; M Holland Village)

Holland Road Shopping Centre

CENTRE COMMERCIAL

16 PLAN P. 128, B2

Ce centre commercial continue d'attirer les expatriés en quête d'art, d'artisanat et de décoration intérieure et de mode décalée. Explorez **Lim's Holland Village** (6466 3188 ; www.limshollandvillage.com ; 10h-20h) pour une agréable découverte d'articles de déco d'influence asiatique, ou parcourez les rayons de l'**Independent Market** (6466 5534 ; www.independentmarket.sg ; 10h30-19h) pour un souvenir singapourien original. Fatigué ? D'excellents spas et salons de massages sont

Holland Village et ses expatriés

Les résidents non permanents forment un peu moins de 30% des 5,6 millions d'habitants de Singapour, contre 25% environ en 2000.

Beaucoup sont des travailleurs du bâtiment ou du tertiaire venus de Chine ou d'Asie du Sud et du Sud-Est, mais on compte aussi une multitude de professionnels hautement qualifiés, employés aussi bien dans la finance, les industries pétrolière et gazière, l'informatique, les sciences et la recherche biomédicales, le tourisme ou l'hôtellerie. Ici, 1 travailleur qualifié sur 4 est étranger.

Rien qu'à Singapour, on compte plus de 40 000 citoyens britanniques ainsi qu'un nombre important d'Australiens, d'Américains, de Français et de Japonais. Parmi les quartiers prisés des expatriés figurent Orchard, Tanglin, Novena, Holland Village, Bukit Timah et la côte est.

Il s'agit d'un milieu vivant et dynamique, riche en clubs sociaux et sportifs, en écoles internationales, et en magazines ou en sites Web d'expatriés. L'attrait de Singapour est souvent évident : faible criminalité, taux d'imposition moins élevé, systèmes de santé et d'éducation de premier ordre, aides ménagères abordables et excellentes liaisons internationales... Toutefois, le coût de la vie monte en flèche, un phénomène exagéré par le nombre croissant d'entreprises embauchant sur la base de contrats locaux, moins intéressants que les forfaits expatrié tout compris.

Chopsuey Cafe (p. 130)

disséminés sur les deux niveaux. (211 Holland Ave ; 10h-20h30 ; M Holland Village)

Bungalow 55

ARTICLES DE MAISON

17 PLAN P. 128, F6

Dans ce magasin aux articles triés sur le volet, l'élégance du style colonial est au rendez-vous : lampes de style chinois, bougies aux parfums tropicaux, coussins ultrarembourrés... Bref, tout ce dont rêverait le meilleur des hôtes singapouriens. (8318 5358 ; www.thebungalow55.com ; 03-04, 8D Dempsey Rd ; 10h-17h ; 7, 75, 77, 105, 106, 123, 174)

Dover Street Market

MODE, ACCESSOIRES

18 PLAN P. 128, F6

Le beau monde aisé de la mode à Singapour inspecte les marchandises de cet avant-poste d'un célèbre détaillant londonien. Cet immense entrepôt est divisé en sections par des sortes de cages en métal, où l'on croirait se perdre dans un labyrinthe de haute couture. Vous y trouverez des marques telles que Gucci, Balenciaga, Comme des Garçons, Sara Lanzi et Sacai. (6304 1388 ; www.doverstreetmarket.com ; Block 18, Dempsey Rd ; 11h-19h ; 7, 75, 77, 105, 106, 123, 174)

Explorer

Ouest et sud-ouest de Singapour

Entre une promenade à pied le long du spectaculaire chemin de randonnée Southern Ridges et une flânerie dans les magnifiques galeries d'art gratuites du camp colonial de Gillman Barracks, l'ouest du quartier d'affaires s'annonce distrayant.

Notre sélection

- ***Southern Ridges (p. 140)***. *Une série de parcs luxuriants longeant les verdoyants sommets du sud jusqu'au mont Faber, et la vue sensationnelle depuis sa télécabine.*
- ***Gillman Barracks (p. 144)***. *Une plongée dans la culture, l'art et la cuisine dans ces baraquements de l'époque coloniale reconvertis en centre culturel.*
- ***Haw Par Villa (p. 145)***. *Un retour aux années 1950 dans ce parc d'attractions, merveilleusement décalé et original.*

Comment y aller et circuler

M Les stations MRT HarbourFront, Jurong East, Boon Lay, Chinese Garden, Pioneer et Kranji permettent de rejoindre les sites touristiques à pied ou de prendre un bus pour s'y rendre.

Plan du quartier p. 142

Haw Par Villa (p. 145) SIRAPHAT/SHUTTERSTOCK ©

Les incontournables

Southern Ridges

Série de parcs et de collines reliant le West Coast Park au mont Faber, les Southern Ridges font entrer la jungle au cœur de la ville. Assez facile, la plus belle portion de ce circuit de 10 km entre le Kent Ridge Park et le mont Faber offre de splendides points de vue, de la silhouette des buildings aux panoramas sur la jungle, en passant par une passerelle ondulée, spectaculaire.

PLAN P. 142, D4

1800 471 7300

www.nparks.gov.sg

24h/24

P

M Pasir Panjang

Reflections at Bukit Chandu

Au **centre d'interprétation de Bukit Chandu** (www.nhb.gov.sg ; 31K Pepys Rd ; fermé pour rénovation jusque sept 2021) témoignages, objets personnels et films commémorent la dernière bataille contre les Japonais en 1942, dont la violence a presque décimé le régiment malais.

Kent Ridge Park

Situé derrière le Reflections at Butik Chandu, le **Kent Ridge Park** (Vigilante Dr ; 24h/24) est quasi désert : sa canopée, petite mais merveilleuse, sera donc presque entièrement à vous. Vous pourrez ensuite redescendre jusqu'au parc **HortPark** (33 Hyderabad Rd ; 6h-23h ;).

Forest Walk

Depuis HortPark, un pont en forme de feuille traverse Alexandra Rd jusqu'à ce superbe chemin dans la jungle. Vous pourrez choisir l'Earth Trail ("chemin de randonnée au sol"), mais l'Elevated Walkway ("chemin de promenade en hauteur") est plus intéressant : la canopée recouvrant le **Telok Blangah Hill Park** (Telok Blangah Green ; 24h/24) sera à hauteur de vos yeux.

Henderson Waves

Le remarquable Henderson Waves, une ondoyante promenade suspendue à 36 m de haut, se dresse entre le Telok Blangah Hill Park et le Mt Faber Park. Les tours semblant surgir de la jungle font partie du complexe résidentiel Reflections at Keppel Bay, œuvre du célèbre architecte américain Daniel Libeskind.

Mont Faber

Ce mont domine la pointe sud de la ville à 105 m de hauteur. Ses chemins de randonnée suspendus serpentent et s'arrêtent à des endroits clés pour le panorama. C'est de là que part la **télécabine** (6377 9688 ; www.onefabergroup.com ; adulte/enfant aller-retour 43/32 $S ; 8h45-20h) vers HarbourFront et Sentosa.

★ À savoir

- Partir en fin d'après-midi vous épargnera la chaleur de midi et vous permettra de gagner le mont Faber à temps pour un verre ou un dîner au coucher du soleil.
- Prévoir chapeau, chaussures confortables et lunettes de soleil, et toujours une grande quantité d'eau. N'oubliez pas de prendre un parapluie.
- Apportez votre appareil photo pour immortaliser les vues sur la ville, la jungle et la mer de Chine méridionale.
- Ne nourrissez pas les singes : cela ne fait que les inciter à harceler les visiteurs.

Une petite pause ?

Boissons et menu bistro avec vue sur la ville vous attendent au **Dusk** (p. 148), en haut du mont Faber. L'**Arbora** (6377 9688 ; www.onefabergroup.com ; 109 Mt Faber Rd ; plats 18-44 $S ; 11h-22h30 lun-ven, 8h30-22h30 sam-dim ; Mt Faber) sert une cuisine plus simple.

A
B
C
D
1
2
3
4
5
6
3 2 Lee Kong Chian Natural History Museum
NUS Museum
Dover Rd
Commonwealth
Portsdown Rd
Ayer Rajah Expwy (voie rapide Ayer Rajah)
6
Ayer Rajah Cr
Whitchurch Rd
10
National University of Singapore
Kent Ridge
12
Science Park Dr
Portsdown Ave
Pasir Panjang Rd
West Coast Hwy
Buona Vista South Rd
Kent Ridge Park
4 Haw Par Villa
Southern Ridges
Haw Par Villa
Jln Mat Jambol
Pasir Panjang Terminal
Pasir Panjang Rd
Pepys Rd
Pasir Panjang
West Coast Hwy
PASIR PANJANG
Nos adresses
Les incontournables p. 140
Voir p. 144
Se restaurer p. 146
Prendre un verre p. 147
Shopping p. 149
0
1 km
Chenal de Sebarok

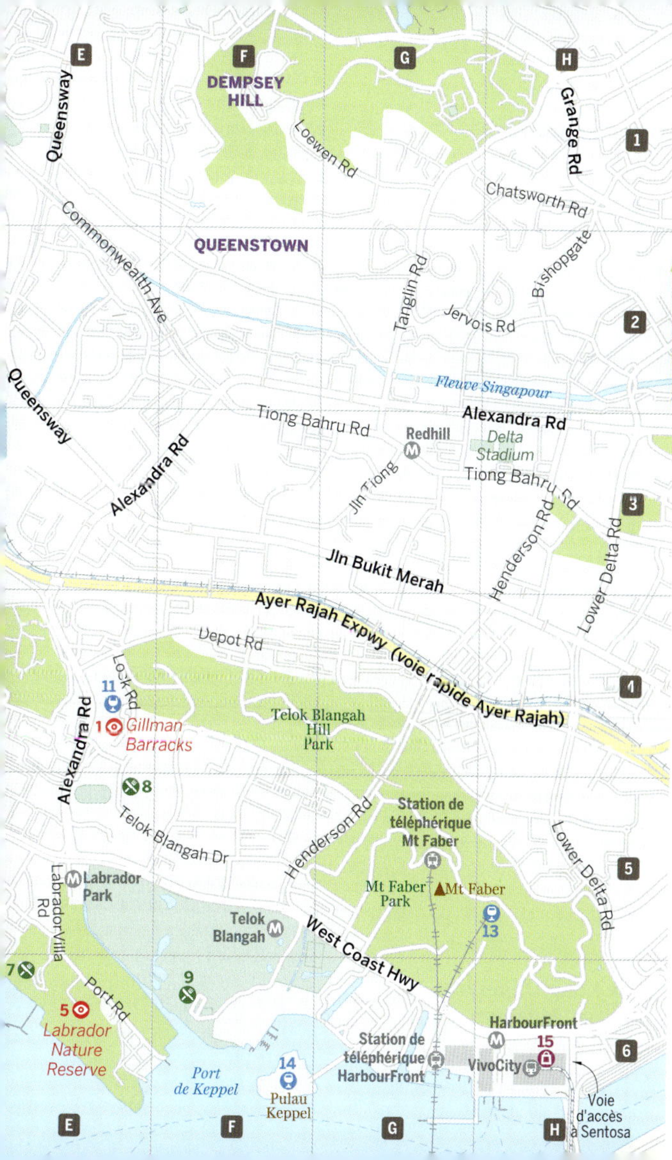
E
F
G
H
DEMPSEY HILL
Queensway
Loewen Rd
Grange Rd
1
Chatsworth Rd
Commonwealth Ave
QUEENSTOWN
Bishopgate
Tanglin Rd
Jervois Rd
2
Queensway
Fleuve Singapour
Alexandra Rd
Tiong Bahru Rd
Redhill
Delta Stadium
Tiong Bahru Rd
Alexandra Rd
Jln Tiong
3
Henderson Rd
Lower Delta Rd
Jln Bukit Merah
Ayer Rajah Expwy (voie rapide Ayer Rajah)
Depot Rd
Lock Rd
11
4
Telok Blangah Hill Park
Alexandra Rd
1 Gillman Barracks
8
Telok Blangah Dr
Henderson Rd
Station de téléphérique Mt Faber
Lower Delta Rd
5
Labrador Park
Labrador Villa Rd
Mt Faber Park
Mt Faber
13
Telok Blangah
West Coast Hwy
7
9
Port Rd
5 Labrador Nature Reserve
HarbourFront
15
6
Station de téléphérique HarbourFront
VivoCity
14
Port de Keppel
Pulau Keppel
Voie d'accès à Sentosa
E
F
G
H

Voir

Gillman Barracks — GALERIES

1 PLAN P. 142, E4

Cet ancien camp militaire britannique est désormais un vaste lieu dédié à l'art contemporain. Il regroupe dans la verdure 11 galeries internationales, dont la **Sundaram Tagore** (6694 3378 ; www.sundaramtagore.com ; 01-05, 5 Lock Rd ; entrée libre ; 11h-18h mar-ven, 11h-19h sam), de New York, qui expose de grandes figures telles qu'Annie Leibovitz. Notons aussi le **NTU Centre for Contemporary Art** (6460 0300 ; www.ntu.ccasingapore.org ; Block 43 Malan Rd ; entrée libre ; 10h-19h lun-ven ; M Labrador Park), un innovant centre de recherche sur l'art
qui organise débats, conférences et expositions d'artistes contemporains d'ici et d'ailleurs utilisant divers supports.

Pour rallier les Gillman Barracks, prenez le MRT jusqu'à Labrador Park et remontez Alexandra Rd vers le nord sur 800 m. L'entrée se trouve sur la droite. Depuis le CBD, un taxi vous coûtera environ 12 $S. (www.gillmanbarracks.com ; 9 Lock Rd ; entrée libre ; mar-dim, horaires variables selon la galerie ; P ; M Labrador Park)

Lee Kong Chian Natural History Museum — MUSÉE

2 PLAN P. 142, A1

Derrière ce gigantesque rocher débordant de verdure se cache le musée d'Histoire naturelle de Singapour, high-tech et adapté aux enfants. Dans la Biodiversity Gallery, fossiles, animaux naturalisés et installations interactives illustrent les origines de la vie. Vous pourrez difficilement rater les squelettes de Prince, Apollonia et Twinky – trois diplodocus vieux de 150 millions d'années et dotés pour deux d'entre eux de leur crâne d'origine. À l'étage, l'Heritage Gallery contient des spécimens du Raffles Museum, du XIXe siècle, ainsi qu'une intéressante section consacrée à la géologie locale. (6601 3333 ; lkcnhm.nus.edu.sg ; 2 Conservatory Dr ; adulte/3-12 ans 21/13 $S ; 10h-18h mar-dim, dernière entrée 16h30 ; P ; 96)

NUS Museum — MUSÉE

3 PLAN P. 142, A1

Installé sur le verdoyant campus de la National University of Singapore (NUS), ce musée fait partie des joyaux culturels méconnus de la ville. Au rez-de-chaussée, la Lee Kong Chian Collection recèle des céramiques et des bronzes chinois, ainsi que des fragments archéologiques. À l'étage, la South and Southeast Asian Gallery expose peintures, sculptures et tissus d'Asie du Sud-Est. La Ng Eng Teng Collection est consacrée à Ng Eng Teng (1934-2001), un artiste singapourien très réputé pour ses sculptures figuratives. (6516 8817 ; www.museum.nus.edu.sg ; National University of Singapore, 50 Kent Ridge Cres ; gratuit ; 10h-18h mar-sam, P ; 96)

Haw Par Villa

MUSÉE

4 PLAN P. 142, B3

C'est l'inventeur du célèbre Baume du Tigre, Aw Boon Haw, qui imagina cette propriété étonnante et kitsch. En 1937, il y fit construire une villa pour son frère adoré et associé, Aw Boon Par, qui l'aida ensuite à y bâtir un parc à thème consacré à la mythologie chinoise. En vedette figurent les "dix tribunaux de l'Enfer" (*Ten Courts of Hell* ; fermeture 17h45), une section représentant les horribles tourments qui attendent les pécheurs aux Enfers, à parcourir à pied. (6773 0103 ; www.hawparvilla.sg ; 262 Pasir Panjang Rd ; gratuit ; 9h-22h, dernière entrée 21h30 ; P ; M Haw Par Villa)

Labrador Nature Reserve

PARC HISTORIQUE

5 PLAN P. 142, E6

Combinant un parc sur le front de mer et de longs chemins forestiers grouillant d'oiseaux, le Labrador Park est aussi émaillé de vestiges de guerre britanniques découverts dans les années 1980. Observez les emplacements de canon sur les casemates en béton recouvertes de mousse et les ruines de l'entrée du vieux fort qui se dressait sur cette colline. Le domaine vallonné de la réserve descend vers la mer, où les vastes pelouses, l'ombre et le bruit des

NUS Museum

vagues invitent à pique-niquer. (☎1800 471 7300 ; www.nparks.gov.sg ; Labrador Villa Rd ; 🕒7h-19h ; P ; M Labrador Park)

Se restaurer

Timbre+ HAWKER $

6 PLAN P. 142, C2

Représentant de la nouvelle génération de *hawker centres*, le Timbre+ en illustre toute la diversité avec 30 lieux de restauration : conteneurs tapissés d'art, *food trucks* Airstream, bière artisanale, concerts tous les soirs. Pourtant, c'est bien la cuisine, entre tradition et modernité, qui attire les foules. Allez-y avant 18h, heure de fermeture des stands à l'ancienne. (☎6252 2545 ; www.timbreplus.sg ; JTC LaunchPad@one-north, 73A Ayer Rajah Cres ; plats à partir de 3 $S ; 🕒6h-23h lun-sam, 11h-23h dim, horaires variables selon les stands ; M One North)

Tamarind Hill THAÏLANDAIS $$$

7 PLAN P. 142, E6

Dans la verdure du Labrador Park, ce pavillon de style colonial offre un cadre raffiné pour déguster une cuisine thaïlandaise exceptionnelle. L'atout majeur, le brunch du dimanche (60 $S ; 12h-15h), avec un buffet d'appétissants plats froids et de salades. Possibilité de commander autant de plats à la carte que vous le désirez. Réservation indispensable. (☎6278 6364 ; www.tamarindrestaurants.com ; 30 Labrador Villa Rd ; plats 18-59 $S ;

Timbre+

RIA DE JONG/LONELY PLANET ©

12h-14h30 et 18h-21h lun-sam, 18h-21h dim, plus *afternoon tea* 15h-17h tlj ; ; Labrador Park)

Naked Finn

PRODUITS DE LA MER **$$$**

8 PLAN P. 142, E5

Installé dans l'une des galeries des Gillman Barracks (p. 144), ce petit restaurant séduisant – avec grandes baies vitrées et son mur végétal luxuriant –, sert des plats de la mer ultrafrais et minimalistes. Ne passez pas à côté du sandwich au homard, objet de critiques dithyrambiques dans tout Singapour (servi le midi uniquement) (6694 0807 ; www.nakedfinn.com ; 39 Malan Rd, Gillman Barracks ; plats 38-98 $S ; 12h-14h30 et 18h-21h30 mar-sam ; Labrador Park)

Masons

INTERNATIONAL **$$**

Dans l'enceinte des Gillman Barracks (voir **1** plan p. 142, E4), ce café-bistrot doté de hauts plafonds, d'une élégante véranda, d'un comptoir en marbre et de canapés en cuir noir, est parfait pour siroter un cocktail après avoir visité les galeries (happy hour 16h-19h). Les saveurs italiennes dominent, accompagnées de classiques américains (comme les côtes fumées au bourbon ou le juteux burger de bœuf...) mais aussi de classiques de la cuisine asiatique. Les végétariens apprécieront le choix qui leur est offert. (6694 2216 ; www.masons.sg ; 8 Lock Rd, Gillman Barracks ; plats 18-45 $S ; 12h-22h30 ; ; Labrador Park)

PeraMakan

PERANAKAN **$$**

9 PLAN P. 142, F6

Tenu par un agréable couple de cuisiniers enthousiastes, ce restaurant peranakan a quitté son berceau de Joo Chiat pour s'installer ici. Les classiques maison comme les calamars au *sambal* ou le *rendang* sont toujours aussi bons. L'*ayam buah keluak* (poulet mijoté dans une sauce épicée aux noix de *kluwak*) est un must ! (6377 2829 ; www.peramakan.com ; Keppel Club, 3e niv, 10 Bukit Chermin Rd ; plats 13-38 $S ; 11h30-14h et 18h-21h ; P ; ; Telok Blangah)

Prendre un verre

Colbar

BAR

10 PLAN P. 142, D2

Le Colbar offre une incursion dans l'époque coloniale. Cette ancienne cantine d'officiers britanniques est devenue un bar paisible, mais on se croirait encore dans les années 1950 : on garde la monnaie dans un tiroir, des photos d'équipes de football sont accrochées aux murs, et les habitants trinquent à la bière ou au cidre (prix raisonnables) dans la spacieuse véranda. (6779 4859 ; 9A Whitchurch Rd ; 11h30-20h30 mar-dim ; 191)

Handlebar

PUB

11 PLAN P. 142, E4

On ne s'attend pas à trouver un bar de motards parmi ces galeries

VivoCity

HUNTERGOL1209/SHUTTERSTOCK ©

et restaurants chics. Cela dit, le Handlebar est généralement plus fréquenté par les familles que par les *bikers*, et c'est un lieu charmant pour prendre quelques verres dans la fraîcheur de l'après-midi. Les délicieux daïquiris sont préparés dans un moteur reconverti en blender ! (☎6268 5550 ; www.handlebaroriginal.com ; Block 10, Lock Rd, Gillman Barracks ; ⏲12h-23h30 mar-dim ; Ⓜ Labrador Park)

Good Beer Company

BIÈRE ARTISANALE

12 PLAN P. 142, B2

Après avoir apporté un vent de fraîcheur au Chinatown Complex (p. 72), cette échoppe à bières de *hawker centre* a déménagé en septembre 2017 pour un lieu bien plus grand, à quelques minutes de la National University of Singapore. Impressionnant étalage de bières en bouteille venues des quatre coins de la planète, 8 variantes artisanales en pression... Un eldorado pour les amateurs de bière. (☎9859 7386 ; www.facebook.com/goodbeersciencepark ; 01-23 Savourworld, 2 Science Park Dr ; ⏲12h-22h ; Ⓜ Kent Ridge)

Dusk

BAR

13 PLAN P. 142, H5

Juché au sommet du mont Faber, le Dusk dispose d'un panorama s'étendant de HarbourFront à l'île de Sentosa, avec le détroit de Singapour en toile de fond. Parfait pour un cocktail au coucher du soleil devant un ciel aux couleurs changeantes. (☎6377 9688 ; www.

onefabergroup.com ; 109 Mt Faber Rd ; 16h-23h, dernier service 22h ; Mt Faber)

Privé Keppel Bay

BAR

14 PLAN P. 142, F6

On ne pourrait pas rêver meilleur cadre pour un café matinal ou un verre le soir. Ce bar, situé sur une île au cœur de Keppel Harbour, entre la ville et Sentosa, attire une clientèle aisée et élégante, venue se détendre au bord de l'eau. Happy hour de 17h à 20h tous les jours. (6776 0777 ; www.theprivegroup.com.sg ; Marina at Keppel Bay, 2 Keppel Bay Vista ; 9h-22h30 lun-ven, 8h-22h30 sam-dim ; M HarbourFront)

Shopping

VivoCity

CENTRE COMMERCIAL

15 PLAN P. 142, H6

Le plus grand centre commercial de Singapour offre un luxe rare dans ces contrées : l'espace. Il y a une aire de jeux extérieure au 2e niveau et un *skypark* ("parc dans le ciel") sur le toit, avec des pataugeoires gratuites pour les petits. Côté emplettes, vous trouverez surtout des boutiques de catégorie moyenne. Également un grand multiplexe Golden Village. (6377 6870 ; www.vivocity.com.sg ; 1 Harbour Front Walk ; 10h-22h ; ; M HarbourFront, Sentosa Express)

Explorer Sentosa

Duel de montagnes russes, chute libre en salle, spectacles de cascades ou course de luge à roulettes : symbolisée par Universal Studios, l'île de Sentosa est avant tout un gigantesque parc d'attractions aux possibilités vertigineuses. Si on ajoute un fort historique, un aquarium d'avant-garde et des bars et restaurants branchés au bord de la plage, on comprend pourquoi les habitants viennent y prendre un peu de bon temps.

Notre sélection

- ***Universal Studios (p. 152)***. *Momies, dinosaures, plus haut duo de montagnes russes au monde... Dans ce parc d'attractions à succès, laissez sortir l'enfant qui est en vous.*
- ***SEA Aquarium (p. 155)***. *Un des plus grands aquariums au monde, abritant des espèces mignonnes, curieuses et dangereuses.*
- ***Tanjong Beach Club (p. 158)***. *La brise sur votre visage, le sable sous vos pieds et un coucher de soleil en compagnie des fêtards du coin.*
- ***Knolls (p. 158)***. *Champagne et nourriture à volonté avec le brunch du dimanche.*

Comment y aller et circuler

Depuis/vers le mont Faber ou le HarbourFront Centre jusqu'à Sentosa Station, sur l'île. À Sentosa, une ligne indépendante s'arrête à Imbiah Lookout, Merlion et Siloso Point).

Le monorail Sentosa Express relie VivoCity aux 3 stations de l'île : Waterfront, Imbiah et Beach.

Empruntez la promenade de Sentosa (Sentosa Boardwalk).

Sentosa est desservie par les bus et un "tramway de plage" (bus électrique) gratuit.

Plan de l'île p. 154

Île de Sentosa LEUNGCHOPAN/GETTY IMAGES ©

Les incontournables

Universal Studios

L'attraction star du Resorts World (un complexe intégré à l'île de Sentosa) vous attend ! Ses innombrables montagnes russes, spectacles, magasins et restaurants sont soigneusement empaquetés dans un monde féerique, tiré de vos films hollywoodiens favoris. Les manèges s'adressent aussi bien aux tout-petits qu'aux têtes brûlées.

PLAN P. 154, E2

6577 8888

www.rwsentosa.com

Resorts World, 8 Sentosa Gateway

adulte/4-12 ans 81/61 $S

généralement 12h-19h

Waterfront

Battlestar Galactica

Le plus haut duel de montagnes russes au monde vous laisse le choix entre un parcours assis ("HUMAN") et un autre la tête en bas ("CYLON"), avec quantité de loopings et demi-tours. Si vos cris – ou ceux des autres – ne vous déconcentrent pas, essayez de profiter de la vue plongeante.

Revenge of the Mummy

Grand huit, armée de momies, essaims de scarabées et boule de feu : l'attraction majeure de la section Égypte antique garantit frissons et sursauts. Contrairement à la tradition hollywoodienne, votre voyage s'achèvera sur un ardent coup de théâtre.

Transformers: The Ride

Très grisante, cette attraction de dernière génération utilise des animations en 3D haute définition pour vous transporter dans un univers urbain inconnu et lugubre : préparez-vous à combattre des robots géants, à vous lancer dans des courses-poursuites à grande vitesse et à plonger depuis le toit d'un gratte-ciel. Le tout est incroyablement réaliste et grisant.

Puss in Boot's Giant Journey

Parfaite pour les tout-petits, cette montagne russe offre à ses passagers une paisible balade en compagnie du Chat Potté et de sa petite amie, Kitty Pattes de velours, à la poursuite du précieux œuf en or de Maman Oie. Chaque détail est merveilleusement pensé ; asseyez-vous au dernier rang pour un plaisir maximal.

WaterWorld

Ce spectacle basé sur le film mettant en vedette Kevin Costner ne lésine pas sur les cascades vertigineuses et les déflagrations. Arrivez au moins 20 minutes avant le début pour vous assurer une bonne place. Pour vous faire asperger pendant la représentation, installez-vous dans la "soak zone", tout à l'avant.

★ À savoir

- Si vous n'êtes pas fan des files d'attente, sachez que le pass express (à partir de 40 $S) permet de rejoindre la file rapide pour chaque manège (une fois par attraction).
- En bordure du parc, des casiers vous permettent de déposer vos affaires. Un petit casier (15 $S) est idéal pour un sac à dos.

Une petite pause ?

En famille, testez les énormes et savoureuses pizzas du **Loui's NY Pizza Parlor** (New York Zone ; grande pizza 65 $S ; 12h-21h jeu-dim).

Pour un vrai break, sortez par l'entrée principale des studios et rendez-vous à Malaysian Food Street (p. 157). Avant de sortir, demandez bien que l'on vous applique un tampon sur la main pour pouvoir retourner dans le parc.

A
B
C
D
E
F
1
2
3
4
1 Fort Siloso
Port de Keppel
Siloso Rd
Siloso Point
Siloso Point
Siloso Beach
11
Mt Imbiah
Imbiah Walk
Imbiah Lookout
Station de téléphérique Sentosa
Adventure Cove Waterpark 5
2 S.E.A. Aquarium
Causeway Bridge
Voie d'accès à Sentosa
Brani Terminal Ave
Pulau Brani
Selat Sengkir
Waterfront
Merlion Plaza
Resorts World
Universal Studios
Gateway Ave
Imbiah
Merlion
4 AJ Hackett Bungy
Wave House 8
Images of Singapore Live 3
Siloso Beach
14
6 iFly
7
Beach
Skyline Luge Sentosa
15
Beach View
Artillery Ave
The Knolls
Knolls
Parcours de golg Serapong
Palawan Beach
Palawan Beach
Allanbrooke Rd
10
Bukit Manis Rd
13
Chenal de Sebarok
Tanjong Beach
9
Parcours de golf de Tanjong
12 Tanjong Beach
Nos adresses
Les incontournables p. 152
Voir p. 155
Se restaurer p. 157
Prendre un verre p. 158
Sortir p. 159
N
0
500 m

Voir

Fort Siloso

MUSÉE

1 PLAN P. 154, A1

Datant des années 1880, à l'époque où Sentosa s'appelait encore Pulau Blakang Mati ("l'île derrière laquelle se trouve la mort", en malais), ce fort côtier britannique s'est révélé incapable de contrer l'irruption des Japonais en 1942. Documentaires, objets, animatroniques et reconstitutions entraînent les visiteurs dans l'histoire du fort. Les galeries souterraines sont amusantes à explorer. Les Surrender Rooms font revivre deux moments clés de l'histoire de Singapour : la capitulation des Britanniques face aux Japonais en 1942, puis l'inverse en 1945. (6736 8672 ; www.sentosa.com.sg ; Siloso Point, Siloso Rd ; gratuit ; 9h-18h ; ; Siloso Point ; Siloso Point)

S.E.A. Aquarium

AQUARIUM

2 PLAN P. 154, D1

Cet impressionnant aquarium renferme plus de 800 espèces aquatiques. Immense complexe à la pointe de la technologie, il recrée 49 habitats aquatiques d'Asie du Sud-Est, d'Australie et d'Afrique. L'"Open Ocean" est spectaculaire : sa vitre d'observation (36 m de long sur 8,3 m de haut) est une des plus grandes au monde. Une exposition interactive, très prisée des familles, explore l'histoire de la route maritime de la Soie. (6577 8888 ; www.rwsentosa.com ; Resorts World, 8 Sentosa Gateway ; adulte/4-12 ans 41/30 $S ; 10h-17h ; P ; Waterfront)

Images of Singapore Live

MUSÉE

3 PLAN P. 154, C2

Grâce à des comédiens, à des expositions immersives et à de spectaculaires effets son et lumière, ce musée recrée l'histoire de Singapour, du modeste village de pêcheurs malais jusqu'au dynamique port colonial, et au-delà. Les plus jeunes adoreront le Spirit of Singapore Boat Ride, un périple high-tech et psychédélique qui rappelle un peu *Avatar*. Les billets sont valables pour Madame Tussauds et coûtent

Transports à Sentosa

Faisant la navette entre les trois plages de Sentosa – Siloso, Palawan et Tanjong – le "*beach tram*" (bus électrique) de Sentosa circule de 9h à 22h du dimanche au vendredi, et de 9h à 0h le samedi. Deux lignes de bus relient les principales attractions de l'île. Le bus A (vers l'ouest) et le bus B (vers l'est) circulent 24h/24 7j/7. Les deux partent de l'arrêt de bus situé à l'est de la station de monorail de Beach. Le monorail, le tramway et les bus sont gratuits à Sentosa.

10 $S de moins en ligne. (☎6715 4000 ; www.imagesofsingaporelive.com ; 40 Imbiah Rd ; adulte/3-12 ans 42/32 $S ; ⊙10h-18h jeu-lun ; Imbiah)

AJ Hackett Bungy

SAUT À L'ÉLASTIQUE

4 ⊙ PLAN P. 154, C2

Pour les amateurs de frissons, ce célèbre prestataire néo-zélandais a installé sa plateforme à 47 m du sol sur Palawan Beach (Sentosa). Propose aussi une balançoire géante et une passerelle pour profiter de la vue. (☎6911 3070 ; www.skyparkglobal.com ; 30 Siloso Beach Walk ; saut à l'élastique 89 $S, balançoire 59 $S ; ⊙13h30-19h lun et jeu-ven, 12h30-19h sam-dim ; Siloso Beach)

Adventure Cove Waterpark

PARC AQUATIQUE

5 ⊙ PLAN P. 154, D1

Si les attractions conviennent mieux aux enfants, les adultes en quête de sensations fortes apprécieront le Riptide Rocket (premières montagnes russes hydromagnétiques d'Asie du Sud-Est), le Pipeline Plunge et la Bluwater Bay, une super-piscine à vagues. (☎6577 8888 ; www.rwsentosa.com ; Resorts World, 8 Sentosa Gateway ; adulte/4-12 ans 38/30 $S ; ⊙10h-17h sam-dim ; Waterfront)

iFly

SENSATIONS FORTES

6 ⊙ PLAN P. 154, C2

Si vous avez envie de passer de 3 660 m à 914 m en chute libre, rendez-vous dans cette salle d'entraînement. Le prix comprend un cours d'une heure suivi d'un saut, rapide mais exaltant, dans un tunnel vertical équipé d'une puissante soufflerie. À partir de 7 ans. En dehors des heures de pointe, les billets achetés 48 heures à l'avance sont bien moins cher. Voir le site Web pour plus de détails. (☎6571 0000 ; www.iflysingapore.com ; 43 Siloso Beach Walk ; 1 chute libre 89/119 $S ; ⊙12h-21h lun-ven, 9h-21h sam-dim ; Beach)

Skyline Luge Sentosa

SENSATIONS FORTES

7 ⊙ PLAN P. 154, C2

En manque de vitesse ? Défiez votre famille et vos amis à la luge (quelque part entre le kart et le toboggan), au fil de virages en épingle et de lignes droites taillés à travers la forêt (casques fournis et obligatoires). Les enfants seront aux anges, contrairement aux personnes souffrant du cœur et du dos. Des entrées sont situées à Imbiah Lookout et à Siloso. (☎6274 0472 ; www.skylineluge.com ; 45 Siloso Beach Walk ; luge et télésiège à partir de 25 $S ; ⊙11h-19h30 lun, jeu, dim, 11h-21h30 ven-sam ; Beach, Imbiah ; Siloso Beach ; Imbiah Lookout, station téléphérique de Sentosa)

Wave House

SURF

8 PLAN P. 154, C2

Succès pour ces deux piscines à vagues conçues pour que les surfeurs viennent travailler leur technique et leur style. Le Double Flowrider (1h à partir de 35 $S), sans crête, est parfait pour les débutants, tandis que le FlowBarrel (30 min à partir de 30 $S, fermé mar et jeu), haut de 3 m, est plus difficile. Également un restaurant et des bars de plage. (6238 1196 ; www.wavehousesentosa.com ; 36 Siloso Beach Walk ; à partir de 30 $S ; 11h30-21h30 lun-ven, 10h30-21h30 sam-dim ; Beach)

Se restaurer

Panamericana

GRILL $$

9 PLAN P. 154, E4

Le mélange parfait entre menu insulaire sans prétention et service raffiné. Ce bar-grill au cadre colonial chic bénéficie d'une vue dégagée sur le détroit de Singapour. La carte mélange les cuisines de la route panaméricaine, qui s'étend de l'Amérique du Nord à l'Argentine. Les *empanadas* sont exquises, tout comme la truite en croûte de sel aux tomatilles. (6253 8182 ; www.panamericana.sg ; Sentosa Gold Club, 27 Bukit Manis Rd ; plats 12-65 $S ; 12h-22h ; B)

Mykonos on the Bay

GREC $$

10 PLAN P. 154, F3

Sur la marina de Sentosa Cove, cette élégante taverne propose des saveurs helléniques authentiques. Installez-vous en terrasse et régalez-vous de poulpe mariné grillé à la perfection, de graviera (fromage) poêlé et de *giaourtlou* maison (saucisse d'agneau épicée). Réservez pour venir en fin de semaine. (6334 3818 ; www.mykonosonthebay.com ; 01-10 Quayside Isle, 31 Ocean Way ; mezze 9-28 $S, plats 25-52 $S ; 12h-15h et 18h-22h30 lun-ven, 12h-22h30 sam-dim ; ; B)

Le terrain de jeu des millionnaires

Dans l'élégante et scintillante Sentosa Cove, à l'est de l'île, habitants et expatriés avertis se réunissent entre les restaurants et les résidences de ce quartier chic et piétonnier. Savourez un repas au bord de l'eau en admirant cette superbe marina où se bousculent les jouets flottants des millionnaires.

Malaysian Food Street

HAWKER $

Reproduisant une rue malaise, ce *hawker centre* situé à côté du globe rotatif d'Universal Studios (voir 2 plan p. 154, D1) a certes un côté carton-pâte, mais la nourriture est irréprochable, car cuisinée par certains des marchands les plus doués de Malaisie. (www.rwsentosa.com ; Watefront, 1er niv, Resorts World, 8 Sentosa Gateway ; plats 2-11 $S ;

Brunch chez Knolls

Les brunchs avec alcool à volonté connaissent un énorme succès à Singapour. Le **Knolls** (plan p. 154, E3 ; ☎6591 5046 ; www.capellahotels.com ; Capella, 1 The Knolls ; plats 25-64 $S, brunch dim à partir de 148 $S ; 12h-22h ; Imbiah), un lieu sélect et isolé, compte parmi les meilleures adresses de la cité-État en la matière. Faites-vous chic et rejoignez l'élégante clientèle autour de savoureuses bouchées façon buffet – huîtres fraîches, brochettes crépitant sur des grils ardents, charcuterie fine et montagnes de fromages.

11h-19h lun et jeu, 11h-20h ven-dim ; Waterfront)

Trapizza

PIZZAS **$S**

11 PLAN P. 154, B1

Du côté plus tranquille de Siloso Beach, le Trapizza satisfera les visiteurs en quête d'une délicieuse pizza à pâte fine tout juste sortie du four à bois, à déguster face à la plage. Carte des vins et cocktails convenables, mais les cocktails sur le thème de la pizza (avec charcuterie !) ne sont pas du goût de tout le monde. (☎6376 2662 ; www.shangri-la.com ; Siloso Beach ; pizzas 22-27 $S ; 12h-21h lun-jeu, 11h-22h ven-dim ; Siloso Point)

Prendre un verre

Tanjong Beach Club

BAR

12 PLAN P. 154, E4

Généralement plus décontracté que les bars de Siloso Beach, le ravissant Tanjong Beach Club conjugue lits de plage plantés dans le sable en soirée et élégante petite piscine pour les clients sur fond d'une bande-son funky envoûtante. Le restaurant sert une cuisine de plage branchée et un excellent brunch le week-end. Les fêtes les plus folles de l'île y ont lieu. Plus d'informations sur le site Web. (☎9750 5323 ; www.tanjongbeachclub.com ; 120 Tanjong Beach Walk ; 10h-20h lun-ven, 9h-20h sam-dim ; ; Tanjong Beach)

FOC Sentosa

BAR

13 PLAN P. 154, E3

Un petit bout de Barcelone sur Palawan Beach. Cette oasis aux rayures éclatantes est parfaite pour se prélasser l'après-midi au bord d'une piscine à débordement ou bien installé dans un transat sur le sable. Si la faim se fait sentir, intéressez-vous au menu de tapas riches en produits de la mer, à arroser d'un cocktail rafraîchissant. Nous vous conseillons le "never ending summer" (vodka, fraise et pastèque). (☎6100 1102 ; www.focsentosa.com ; 110 Tanjong Beach Walk ; 11h30-22h30 mer-dim ; Palawan Beach)

Wings of Time

Coastes

BAR

14 PLAN P. 154, C2

Bien plus accueillant pour les familles que la plupart des établissements du bord de plage, Coastes propose des tables de pique-nique sur le sable parsemé de palmiers et des transats (22 $S) au bord de l'eau. Un large choix de plats classiques, dont des hamburgers, des pâtes, des pizzas et des salades, est proposé. (6631 8938 ; www.coastes.com ; 01-05, 50 Siloso Beach Walk ; 9h-22h ; Beach ; Siloso Beach)

Sortir

Wings of Time

THÉÂTRE

15 PLAN P. 154, C2

Au-dessus de l'océan, ce grand spectacle mêle théâtre et festival de son, lumière et laser. Émerveillement, admiration et (parfois) frayeur seront au rendez-vous. (6377 9688 ; www.onefabergroup.com ; Siloso Beach ; place standard/premium 18/23 $S ; spectacle à 19h40 et 20h40 ; Beach)

Promenade à pied

Geylang

Aussi célèbre pour ses sanctuaires, temples et mosquées que pour ses lupanars et ses tripots clandestins, le quartier de Geyland cultive le paradoxe. À 4 stations de la ligne verte du MRT depuis Raffles Place, on peut passer un après-midi à se perdre entre pittoresques lorong *(ruelles) et édifices religieux, avant de retourner vers les néons de Geylang Rd pour observer les badauds lors d'un dîner mémorable.*

La promenade :

Départ Geylang Lor 9 Fresh Frog Porridge (M Kallang/Aljunied)

Arrivée Rochor Beancurd (M Paya Lebar)

Distance 3 km

Durée 2-4 heures

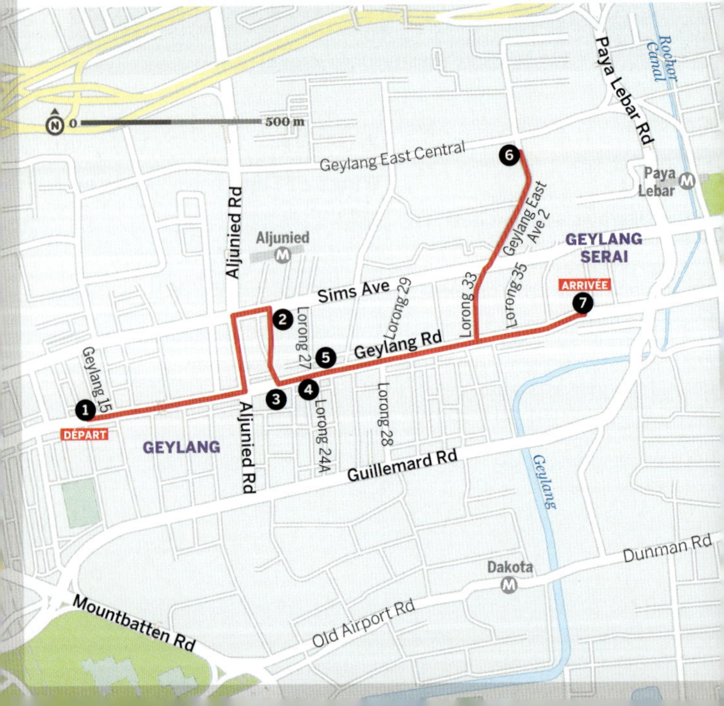

❶ Geylang Lor 9 Fresh Frog Porridge

Geylang est réputé pour son porridge de grenouille, et la meilleure adresse pour le goûter est **Geylang Lor 9 Fresh Frog Porridge** (235 Geylang Rd ; porridge de grenouille à partir de 12,50 $S ; 16h-4h lun-jeu, 12h-4h ven-dim). Cette version cantonaise est délicieusement lisse et gluante.

❷ Amitabha Buddhist Centre

Pour atteindre le nirvana lors d'un cours de méditation à l'**Amitabha Buddhist Centre** (6745 8547 ; www.fpmtabc.org ; 44 Lorong 25A ; 10h30-18h mar-sam, 10h-18h dim). Rempli d'objets pieux, le hall de l'étage est ouvert au public. Horaires des cours sur le site Web.

❸ No Signboard Seafood

Goûtez le crabe au poivre blanc à **No Signboard Seafood** (6842 3415 ; www.nosignboardseafood.com ; 414 Geylang Rd ; plats 15-60 $S, crabe à partir de 80 $S/kg ; 11h-23h). Mme Ong Kim Hoi a commencé avec un simple stand (d'où le nom "No Signboard", sans enseigne), mais ses fruits de mer ont rencontré un tel succès qu'elle possède quatre restaurants.

❹ Lorong 24A

Flanquée de *shophouses* rénovées d'où montent les psalmodies – beaucoup ont été reprises par les associations bouddhistes de la zone – cette ruelle mérite une balade, tout comme la toute proche **Lorong 24A**, arborée et truffée de lieux saints.

❺ Geylang Thian Huat Siang Joss Paper

Geylang Thian Huat Siang Joss Paper (503 Geylang Rd ; 8h-21h30) est une boutique à l'ancienne vendant des offrandes en papier utilisées lors des veillées mortuaires. Toutes seront jetées dans le feu pour assurer au défunt une vie confortable dans l'au-delà.

❻ Temple Sri Sivan

Bâti dans Orchard Rd dans les années 1850, le **temple Sri Sivan** (6743 4566 ; sst.org.sg ; 24 Geylang East Ave 2 ; entrée libre ; 6h30-11h30 et 18h30-20h30), à la décoration originale, fut d'abord installé dans Serangoon Rd dans les années 1980 avant d'être relogé à son emplacement actuel en 1993. Ce temple hindou offre un mélange unique d'influences architecturales d'Inde du Nord et du Sud.

❼ Rochor Beancurd

Terminez par une note sucrée au **Rochor Beancurd** (6748 3989 ; www.rochorbeancurdhouse.wix.com/home ; 745 Geylang Rd ; beignet 1,80 $S, tofu à partir de 2,40 $S ; 24h/24 ;). Les clients viennent de toute la ville pour un bol de tofu soyeux (à prendre chaud). Commandez une ration de *you tiao*, des beignets, et trempez-les dans un bol de lait de soja. Ah ! nous allions oublier les tartes aux œufs !

Explorer

Joo Chiat (Katong)

Ces dernières années, ce quartier pittoresque est devenu le foyer de la communauté peranakan de Singapour. Après quelques heures passées entre shophouses aux décorations multicolores, temples patrimoniaux, ateliers d'artisanat poussiéreux, boutiques de mode musulmane, humbles restaurants et cafés tendance, vous pourrez terminer votre balade dans l'agréable East Coast Park.

Notre sélection

- ***Peranakan Terrace Houses (p. 167)**. L'architecture magistrale de Joo Chiat Rd et Koon Seng Rd.*
- ***328 Katong Laksa (p. 168)**. Goûtez la délicieuse laksa de cet illustre restaurant.*
- ***Katong Antique House (p. 165)**. Une plongée dans la riche culture peranakan.*
- ***East Coast Park (p. 167)**. Un tour à vélo ou à patins à roulettes dans ce parc avant de s'étendre pour regarder les bateaux voguer sur le détroit et s'imprégner de l'ambiance.*

Comment y aller et circuler

Ⓜ La station Paya Lebar est située au nord de Joo Chiat Rd.

🚌 Les bus n°33 et n°16 se rendent au centre de Joo Chiat et traversent Geylang. Le bus n°14 circule d'Orchard Rd à East Coast Rd. Le n°12 rejoint East Coast Rd depuis Victoria St, et le n°36 depuis Bras Basah Rd.

Plan du quartier p. 166

Koon Seng Road JOHN SEATON CALLAHAN/GETTY IMAGES ©

Promenade à pied

Joo Chiat (Katong)

Joo Chiat (Katong) est le cœur de la communauté peranakan de Singapour. Shophouses *(maisons-boutiques) multicolores, ateliers d'artisanat et temples bien cachés confèrent à ce quartier son charme unique, sans parler de ses tables, parmi les meilleures de la ville. Allez-y aux heures d'ouverture, lorsque les habitants arpentent les magasins familiaux en quête de tissus, de produits alimentaires ou d'un bon en-cas.*

La promenade :

Départ Geylang Serai Market (M Paya Lebar)

Arrivée Katong Antique House (bus 10, 12, 14, 32)

Distance 2,5 km

Durée 3-4 heures

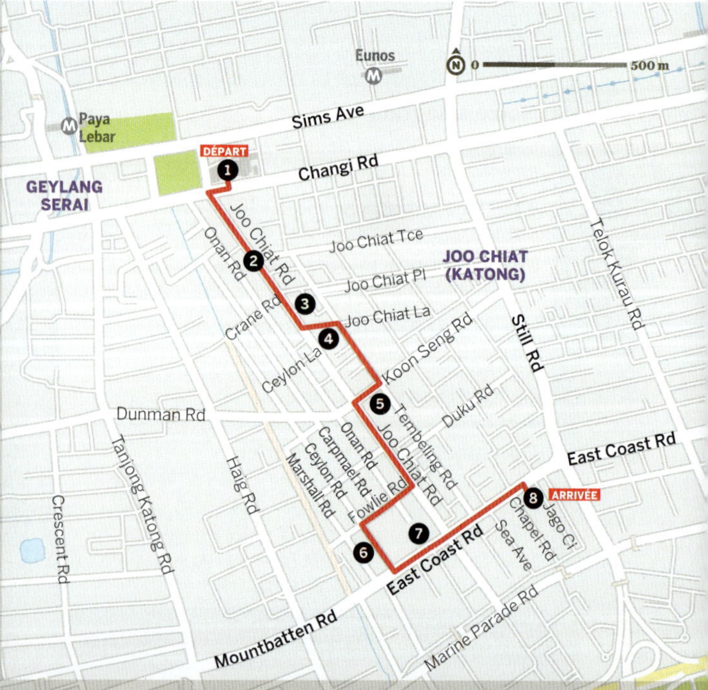

❶ Geylang Serai Market

Geylang Serai Market (1 Geylang Serai ; 6h-22h) comprend un *wet market* (marché de produits frais) animé, un *hawker centre* et des étals vendant aussi bien des CD de musique malaise que des bonnets. En cas de creux, goûtez au *pisang goreng* (beignet de banane) accompagné d'un *bandung* (lait au sirop de rose).

❷ Joo Chiat Road

Cette rue bigarrée est bordée de vieux ateliers poussiéreux, de boutiques de mode musulmane et de petites épiceries. Faites un crochet dans Joo Chiat Tce (n°89 à 129) pour admirer des maisons traditionnelles peranakans, ornées de *pintu pagar* (portes battantes) et de carreaux de céramique colorés.

❸ Long Phung

Regagnez **Long Phung** (6440 6959 ; 159 Joo Chiat Rd ; plats 7-23 $S ; 12h-22h), modeste restaurant servant la meilleure cuisine vietnamienne de Singapour. Le *pho* et la salade de mangue acidulée sont exquis.

❹ Temple Kuan Im Tng

Sur une rue tranquille se dresse le **temple Kuan Im Tng** (6348 0967 ; www.kuanimtng.org.sg ; 62 Tembeling Rd, angle Tembeling Rd et Joo Chiat Lane ; entrée libre ; 5h-18h), un beau temple bouddhique dédié à Kuan Yin, déesse de la Compassion. Les amateurs apprécieront le toit orné de dragons dansants.

❺ Koon Seng Road Terraces

Dragons, oiseaux et crabes en stuc, carreaux de céramique vernissés d'Europe : Koon Seng Rd est célèbre pour ses deux rangées de *shophouses* peranakans d'avant guerre, aux tons pastel (p. 167).

❻ Temple Sri Senpaga Vinayagar

Le **temple Sri Senpaga Vinayagar** (6345 8176 ; 19 Ceylon Rd ; entrée libre ; 6h30-12h et 18h30-21h), l'un des plus beaux temples hindous de Singapour, est agrémenté d'un *kamalapaatham*, une dalle en granit sculptée propre aux temples hindous antiques. Le toit du sanctuaire intérieur est recouvert d'or.

❼ Kim Choo Kueh Chang

Parmi les nombreuses boulangeries de Katong, **Kim Choo Kueh Chang** (6741 2125 ; www.kimchoo.com ; 109-111 East Coast Rd ; 9h-21h) figure en haut du tableau avec ses tartes à l'ananas et autres bouchées sucrées peranakans. La boutique attenante propose céramiques et vêtements peranakans.

❽ Katong Antique House

À la fois boutique et musée, la petite **Katong Antique House** (6345 8544 ; 208 East Coast Rd ; tour de 45 min 15 $S ; uniquement sur rdv, mais la maison est parfois ouverte au public) est le domaine de Peter Wee, éminent spécialiste de la culture peranakan possédant une belle collection de livres, d'antiquités et d'objets.

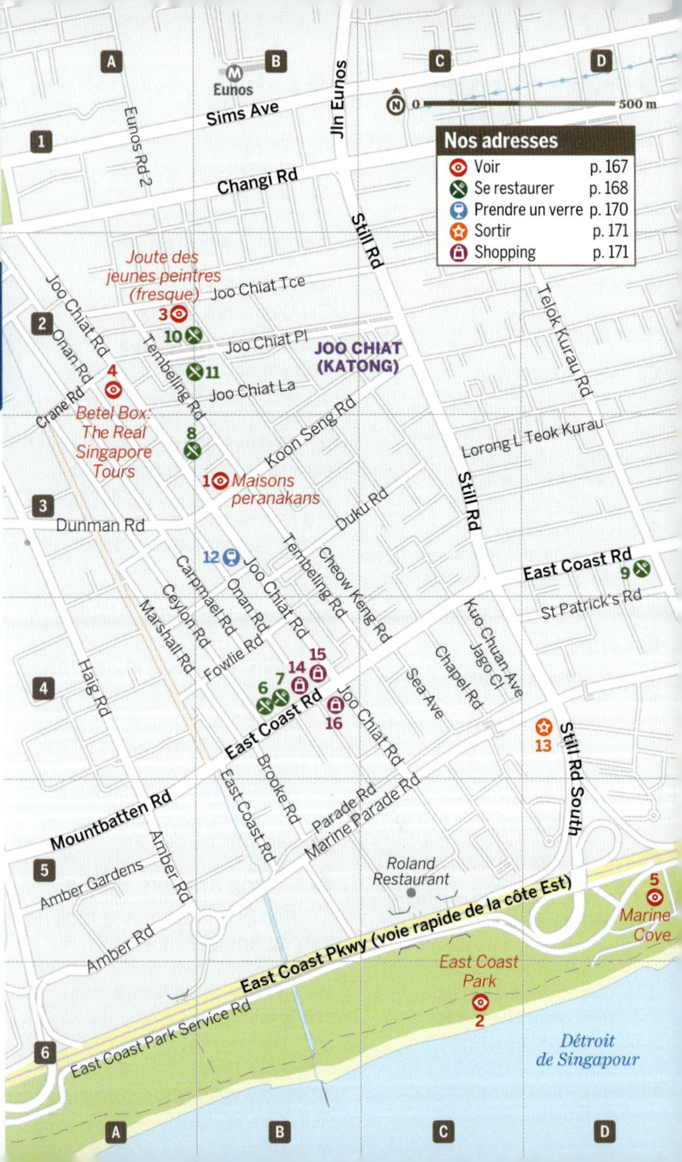
Nos adresses
Voir p. 167
Se restaurer p. 168
Prendre un verre p. 170
Sortir p. 171
Shopping p. 171
0 500 m
A B C D
1 2 3 4 5 6
Eunos
Sims Ave
Jln Eunos
Eunos Rd 2
Changi Rd
Still Rd
Telok Kurau Rd
Joute des jeunes peintres (fresque)
3
10
11
Joo Chiat Tce
Joo Chiat Pl
Joo Chiat La
JOO CHIAT (KATONG)
Joo Chiat Rd
Onan Rd
Tembeling Rd
Crane Rd
4
Betel Box: The Real Singapore Tours
8
1 Maisons peranakans
Koon Seng Rd
Lorong L Teok Kurau
Duku Rd
Dunman Rd
12
East Coast Rd
9
St Patrick's Rd
Carpmael Rd
Ceylon Rd
Marshall Rd
Fowlie Rd
Cheow Keng Rd
Kuo Chuan Ave
Jago Cl
Chapel Rd
Sea Ave
15
14
7
6
16
Haig Rd
13
Still Rd South
Mountbatten Rd
Brooke Rd
East Coast Rd
Parade Rd
Marine Parade Rd
Amber Gardens
Amber Rd
Roland Restaurant
East Coast Pkwy (voie rapide de la côte Est)
5
Marine Cove
East Coast Park
2
East Coast Park Service Rd
Détroit de Singapour

Voir

Maisons peranakans PATRIMOINE

1 PLAN P. 166, B3

Tout près de Joo Chiat Rd, Koon Seng Rd et Joo Chiat Pl recèlent les plus impressionnantes maisons mitoyennes peranakans de Singapour avec leurs colonnes en stuc chargées de dragons, d'oiseaux et de crabes, étincelantes tuiles vernies. Les *Pintu pagar* (portes battantes) en façade, qui laissent entrer l'air tout en préservant l'intimité, constituent une autre caractéristique de cette architecture. Les demeures de Koon Seng Rd se situent entre Joo Chiat Rd et Tembeling Rd, et celles de Joo Chiat Pl entre Everitt Rd et Mangis Rd. (Koon Seng Rd et Joo Chiat Pl ; 10, 14, 16, 32)

East Coast Park PARC

2 PLAN P. 166, C6

Dans ce parc qui longe la mer sur 15 km, les Singapouriens viennent se baigner, pique-niquer et faire de la planche à voile, du kayak ou du roller. Pour le cadre : des palmiers, des terres en friche et une lagune, au milieu desquels prennent place des clubs de sports nautiques et d'excellentes tables. Louez un vélo, humez la brise marine, observez le va-et-vient des porte-conteneurs dans le détroit et, pour couronner en beauté votre après-midi, offrez-vous un repas en bord de mer. (1800 471 7300 ; www.nparks.gov.sg ; P ; 36, 43, 48, 196, 197, 401)

Joute des jeunes peintres ART PUBLIC

3 PLAN P. 166, A2

L'espièglerie charmante de cette fresque géante, œuvre du Lituanien Ernest Zacharevic (www.ernestzacharevic.com), résume bien son style. Elle représente deux garçons très réalistes, montés sur des chevaux colorés et prêts à s'affronter lors d'une joute. (angle Everitt Rd et Joo Chiat Tce ; M Paya Lebar)

Betel Box : The Real Singapore Tours CIRCUITS ORGANISÉS

4 PLAN P. 166, A2

Tony Tan et l'équipe d'initiés de l'auberge de jeunesse Betel Box vous entraînent à la découverte de la ville à trottinette, de la culture et du patrimoine à pied, ou dans un marathon culinaire dans les secteurs historiques de Joo Chiat, Kampong Glam et Chinatown. Pour une soirée sulfureuse, une visite du quartier chaud de Geylang a lieu le vendredi. (6247 7340 ; www.betelboxtours.com ; 200 Joo Chiat Rd ; 50-100 $S ; circuits M Paya Lebar)

Marine Cove PARC

5 PLAN P. 166, D5

Caressé par le vent du large, ce terrain de jeu de 3 500 m² en bord de mer est l'endroit rêvé pour laisser vos enfants se défouler avec son phare ludique de 8 m de haut, ses murs d'escalade et ses jeux numériques. Cette enclave pour les bambins est complétée par plusieurs restaurants familiaux. La semaine, venez de préférence l'après-midi (l'endroit est bondé le week-end) et prévoyez de quoi vous protéger du soleil, car il y a peu d'ombre. (☎1800 471 7300 ; www.nparks.gov.sg ; 1000 East Coast Park ; entrée libre ; ⏲24h/24 ; P 👪 ; 🚌36, 43, 48, 196, 197, 401)

Se restaurer

328 Katong Laksa — MALAISIEN $

6 PLAN P. 166, B4

Pour une expérience gastronomique à prix doux, direction ce spécialiste incontesté des *laksa*, fines nouilles de riz dans un léger bouillon à base de curry, lait de coco et coriandre, le tout surmonté de crevettes et de coques. À accompagner d'un *otak-otak* (maquereau épicé et grillé dans une feuille de bananier) et d'un jus de citron vert rafraîchissant. (☎9732 8163 ; www.328katonglaksa.sg ; 51 East Coast Rd ; laksa 5,50-7,50 $S ; ⏲10h-22h ; 🚌10, 12, 14, 32)

Birds of Paradise — GLACIER $

7 PLAN P. 166, B4

Ce glacier haut de gamme propose des glaces artisanales aux parfums inspirés de la nature (chrysanthèmes blancs, fraise et basilic...). Même leurs cônes (1 $S supp), aux subtiles notes de thym, ont un côté végétal. Des saveurs locales viennent

Katong laksa (bouillon de lait de coco épicé avec des nouilles)

L'invention du chili de crabe

En 1956, M. et Mme Lim ouvrirent le Palm Beach, un restaurant de poissons et fruits de mer. Mme Lim y concocta pour la première fois la fameuse sauce tomate aux piments et aux œufs désormais indispensable à la recette du chili de crabe singapourien. C'est en tout cas ce que raconte son fils, devenu aujourd'hui propriétaire d'un immense restaurant, le **Roland Restaurant** (plan p. 166, C5 ; ☎6440 8205 ; www.rolandrestaurant.com.sg ; 06-750 Block 89, Marine Parade Central, Deck J, parking à étages ; plats 12-60 $S, crabe à partir de 78 $S/kg ; 11h30-14h30 et 18h-22h30 lun-sam, à partir de 11h dim ; 36, 48, 196, 197). Le jour de la fête nationale, son chili de crabe charnu et sucré à souhait attire l'ancien Premier ministre Goh Chok Tong. Bonne nouvelle pour ceux qui ne supportent pas les épices : au Roland, la sauce accompagnant ce crustacé est moins relevée que chez nombre de ses concurrents.

rappeler l'héritage singapourien : si possible, testez le *masala*, puissant et épicé. (☎9678 6092 ; www.birdsofparadise.sg ; 01-05, 63 East Coast Rd ; 12h-22h mar-dim ; 10, 14, 16, 32)

Loving Hut

VÉGAN $$

8 PLAN P. 166, A3

Lumineux, spacieux et résolument sain, ce café à la carte 100% végétale mitonne une cuisine locale traditionnelle. Goûtez le *claypot rice* avec "poulet" au sésame ou le "filet" de mangue avec *mee siam* pimenté. (☎6348 6318 ; www.lovinghut.com.sg ; 01-01, 229 Joo Chiat Rd ; plats 8-26 $S ; 11h30-14h30 et 18h-21h lun-ven, 11h30-21h sam-dim ; ; 10, 14, 16, 32)

Penny University

CAFÉ $

9 PLAN P. 166, D3

Les snobs du café apprécieront ce lieu moderne et décontracté, un des rares dédiés au café de spécialité sur la côte est. Installé sur un banc ou à une table commune, vous pourrez siroter un expresso en attendant de faire votre choix parmi des plats frais et actuels tels que le yaourt infusé à la vanille servi avec un un granola, ou l'œuf à la turque (poché sur un yaourt fouetté, arrosé de sauce marocaine à la harissa et saupoudré d'origan). (☎6345 9055 ; www.facebook.com/pennyuniversity ; 402 East Coast Rd ; plats 6-16 $S ; 8h30-22h tlj ; ; 10, 12, 14, 32)

Desserts nonyas

Les desserts peranakans (ou nonyas) les plus représentatifs sont les *kueh* (des gâteaux de riz colorés, souvent parfumés à la noix de coco et au sucre de palme), les tartes à l'ananas et autres douceurs qui collent aux doigts. On en trouve partout, vendus dans de petits pots en plastique au couvercle rouge. Le magnifique *kueh lapis*, un gâteau complexe à plusieurs couches, est incontournable. Ceux de la boulangerie à l'ancienne Kim Choo Kueh Chang (p. 165) sont parmi les meilleurs de l'île.

Smokey's BBQ
AMÉRICAIN $$

10 PLAN P. 166, A2

Ce vaste grill américain de légende donne envie de passer ses prochaines vacances en Alabama. Les recettes des mélanges d'épices préparés par Rob, le propriétaire californien, sont tenues secrètes, et les viandes sont fumées aux copeaux de caryer et de mesquite, importés directement des États-Unis. Commandez quelques *Buffalo wings* (ailes de poulet épicées) à tremper dans une sauce au bleu, suivies d'une viande fumée cuite lentement, comme les travers de porc fondants à souhait. (6345 6914 ; www.smokeysbbq.com.sg ; 73 Joo Chiat Pl ; plats 18-70 $S ; 16h-22h30 lun-ven, 12h-22h30 sam-dim ; ; M Paya Lebar)

Guan Hoe Soon
PERANAKAN $$

11 PLAN P. 166, A2

Établi en 1953, le plus vieux restaurant peranakan de Singapour est connu pour avoir été l'adresse préférée de l'ancien Premier ministre Lee Kuan Yew. Cela dit, les Singapouriens sont exigeants et ne font pas confiance à la notoriété… Heureusement, l'établissement ne se repose pas sur cette anecdote, et sa cuisine nonya est réellement excellente. *Ayam buah keluak* (poulet aux graines de *kluwak*) hors pair. (6344 2761 ; www.guanhoesoon.com ; 38/40 Joo Chiat Pl ; plats 15,80-23,80 $S ; 10h-15h et 18h-21h30 lun-ven, 10h-15h et 17h30-21h30 sam-dim ; M Paya Lebar)

Prendre un verre

Cider Pit
BAR

12 PLAN P. 166, B3

Situé dans un bâtiment en béton quelconque, le Cider Pit passe facilement inaperçu. Il serait pourtant dommage de le manquer : il décline une large gamme de cidres à la pression et de bières de spécialité comme la Little Creatures australienne. Cette adresse sans prétention est idéale pour passer un moment décontracté au milieu d'expatriés en short et tongs. (6440 0504 ; www.eastofavalonwines.com, www.facebook.com/The-Cider-Pit-112127812203927 ; 01-03, 328 Joo Chiat Rd ; 15h-22h30 lun-ven, 13h-22h30 sam-dim ; ; M Paya Lebar)

Sortir

Necessary Stage — THÉÂTRE

13 PLAN P. 166, D4

Depuis la fondation de cette compagnie en 1987, le directeur artistique Alvin Tan a produit avec Haresh Sharma, son dramaturge attitré, plus de 60 œuvres originales. Novateur, authentique et souvent controversé, le Necessary Stage est l'un des théâtres les plus réputés de la ville. Les représentations ont lieu, entre autres salles, au Necessary Stage Black Box. Programmation disponible sur le site Web, et billets en vente via SISTIC (p. 49). (6440 8115 ; www.necessary.org ; B1-02 Marine Parade Community Bldg, 278 Marine Parade Rd ; 12, 16, 36, 196)

Shopping

Rumah Bebe — VÊTEMENTS, ARTISANAT

14 PLAN P. 166, B4

Propriétaire de cette *shophouse* de 1928, Bebe Seet approvisionne ses clients en articles peranakans. Elle vend des *kebayas* (blouses nonyas décorées de dentelle) traditionnelles remises au goût du jour et de belles chaussures

Rumah Bebe

Culture peranakan

Le regain d'intérêt suscité par la culture peranakan a deux grandes origines : le succès de la série télévisée *The Little Nonya* (2008), qui met en scène une famille peranakan ; et la création du remarquable Peranakan Museum (p. 46). Mais qui sont les Peranakans ?

Origines

Les Peranakans de Singapour descendent des immigrants qui épousèrent des femmes locales, essentiellement d'origine malaise. La plus grande communauté peranakan à Singapour est celles des Chinois des Détroits. Les hommes (*Baba*) et les femmes (*Nonya*) parlent principalement un mélange de malaisien, de hokkien (dialecte chinois) et d'anglais. Les aïeux des Chinois des Détroits étaient surtout des commerçants de Chine continentale arrivés dans la péninsule malaise sous les Ming. Ceux des Chitty Melaka et des Jawi Peranakan étaient des commerçants indiens qui développèrent leurs propres traditions après leur union avec des Malaises de Singapour. Ces trois groupes se reconnaissent dans une culture hybride, créée par des siècles d'adaptations et d'échanges culturels.

Cérémonies de mariage

Le mariage traditionnel, qui durait à l'origine 12 jours, a surpassé par son ampleur toute autre tradition peranakan. Son déroulement résultait d'une fusion entre les traditions de Malaisie et du Fujian (Chine). Un *sinseh pokwa* (astrologue) était consulté pour choisir une date faste pour le mariage ; des cadeaux raffinés étaient offerts aux parents de la mariée dans des *bakul siah* (récipients en bambou laqués) ; et un jeune garçon devait rouler trois fois sur le lit nuptial pour favoriser la naissance d'un fils. Une cérémonie du thé était organisée le 1er jour ; le marié revêtait alors la tenue des lettrés de l'ère Qing, et la mariée se paraît d'une robe et d'un chapeau brodés assortis. Le 2e jour, le couple prenait son premier repas en commun. Ils se servaient mutuellement 12 plats symbolisant les 12 jours du mariage. Le 3e jour, ils offraient du thé à leurs parents et à leurs beaux-parents. Le mariage était scellé par le *dua belah hari* (cérémonie du 12e jour) et la preuve de l'union apportée par le mouchoir de virginité, auquel les parents de la femme et la mère de l'homme jetaient un coup d'œil discret.

à perles. Si vous en avez le temps (et l'envie), Bebe vous apprendra le perlage (perles enfilées cousues sur un tissu). Leçon en deux parties pour les débutants (450 $S). (☎6247 8781 ; www.rumahbebe.com ; 113 East Coast Rd ; ⏲9h30-18h30 mar-dim ; 🚌10, 14, 16, 32)

Cat Socrates CADEAUX ET SOUVENIRS

15 🔒 PLAN P. 166, B4

Éclectique, l'endroit rassemble les créations de designers indépendants de Singapour et de l'étranger. Les esprits créatifs viennent y chercher articles de papeterie fantaisie, appareils photo vintage, articles ménagers tendance, bijoux stylisés et littérature. Les chasseurs de souvenirs se passionneront pour ses curiosités inspirées par Singapour, et surtout pour les carnets et carreaux d'inspiration peranakan. (☎6348 0863 ; www.cat-socrates.myshopify.com ; 448 Joo Chiat Rd ; ⏲11h-18h lun, 11h-20h mar-sam, 11h-19h dim ; 🚌10, 14, 16, 32)

112 Katong CENTRE COMMERCIAL

16 🔒 PLAN P. 166, B4

Les habitants de la côte est adorent ce *mall* contemporain. Il regorge de boutiques de mode et d'art de vivre.

Les enfants adoreront l'aire de jeux située au 4e niveau. (☎6636 2112 ; www.112katong.com.sg ; 112 East Coast Rd ; ⏲10h-22h ; 🚌10, 14, 16, 32)

Vaut le détour

Pulau Ubin

À l'extrémité est de Singapour, l'atmosphère est restée villageoise et paisible. Débardeurs, shorts de bain et tongs sont de mise à Changi Village, un quartier aux constructions basses où les touristes sont bien moins nombreux que dans le centre-ville. À quelques minutes de bumboat *(bateau local), Pulau Ubin offre l'image d'un Singapour gracieusement épargné par le développement... pour le moment.*

Comment y aller

Ⓜ Ligne verte du MRT jusqu'à la station Tanah Merah.

Bus n°2 jusqu'à l'arrêt Changi Village.

Pour Pulau Ubin, *bumboat* au départ du terminal des ferries de Changi Point.

❶ Changi Village

À l'extrême nord-est de la cité-État, Changi Village mérite une flânerie. Vous y découvrirez une facette très détendue de Singapour et dénicherez vêtements, batiks, tissus indiens et composants électroniques bon marché. Départs des *bumboats* vers Pulau Ubin depuis le terminal des ferries de Changi Point (p. 181), près de la gare routière.

❷ Pulau Ubin Village

C'est là que vous débarquerez sur Pulau Ubin. Quoique *a priori* peu touristique, son côté délabré offre le concentré d'un Singapour oublié. En cas de petit creux, une poignée de restaurants, logés pour la plupart dans des baraques, vous attend sur la gauche.
Le village est aussi le lieu idéal pour louer un vélo à la journée (6 à 25 $S environ).

❸ Chek Jawa Wetlands

S'il y a bien un lieu à visiter à Pulau Ubin, ce sont les **zones humides de Chek Jawa** (☎1800 471 7300 ; www.nparks.gov.sg ; entrée libre ; ⏲9h-17h). Sur 1 km à l'extrémité est de l'île, une promenade en bois avance dans la mer, puis bifurque à travers une mangrove protégée jusqu'à la tour Jejawi, dont les 20 m de hauteur offrent un superbe panorama.

❹ German Girl Shrine

Dans une cabane en bois, le **sanctuaire de la jeune Allemande** est l'un des sites les plus intrigants de l'île. D'après la légende, pendant la Seconde Guerre mondiale, fuyant les troupes britanniques venues arrêter ses parents, la fille d'un exploitant d'une plantation de café aurait fait une chute mortelle dans la carrière située derrière la maison. Avec le temps, cette jeune chrétienne est devenue une déesse taoïste.

❺ Coastal Settlement

De retour à Changi, terminez la journée au **Coastal Settlement** (☎6475 0200 ; www.thecoastalsettlement.com ; 200 Nethcravon Rd ; ⏲10h30-23h lun-ven, 10h30-0h ven, 8h30-23h sam-dim ; 📶), un bar-restaurant-lounge éclectique, décoré d'objets rétro et aménagé dans un superbe pavillon noir et blanc de style colonial, au cœur d'un jardin luxuriant.

Carnet pratique

Horizon de Singapour SAKDAWUT TANGTONGSAP/SHUTTERSTOCK ©

Avant de partir

Hébergement

Loger à Singapour coûte cher, surtout dans le CBD et près des rues commerçantes voisines d'Orchard Rd. Des établissements plus modestes et abordables existent dans les environs de Little India et de Chinatown. En septembre, les prix s'enflamment à l'approche de la course nocturne de F1 : réservez bien à l'avance pour cette période. Le choix d'hébergements s'étend de simples dortoirs communs pour baroudeurs à des édifices historiques parmi les plus luxueux d'Asie.

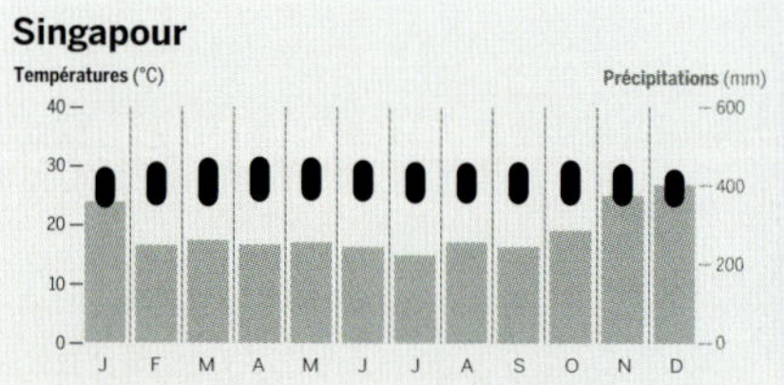

Quand partir

- **jan-fév** Marchés nocturnes trépidants et festivités du Nouvel An chinois.
- **juin-juil** Vacances scolaires et période la plus chaude de l'année. À éviter si possible.
- **déc** Les pluies de la mousson atténuent relativement la chaleur.

Sites Web utiles

Lonely Planet (lonelyplanet.fr). Renseignements touristiques, réservations d'hôtels, forum de voyageurs...

StayinSingapore (www.stayinsingapore.com). Site Web de réservations de la Singapore Hotel Association.

LateRooms (www.laterooms.com). Chambres à prix très intéressants. Réservez maintenant et payez sur place.

Petits budgets

Adler Hostel (www.adlerhostel.com). Auberge de jeunesse "haut de gamme", pleine de vieux objets chinois, près de la station de MRT Chinatown.

COO (www.staycoo.com). Auberge de jeunesse moderne éclairée de néons, dans un coin branché de Tiong Bahru.

Dream Lodge (www.dreamlodge.sg). Hôtel capsule immaculé dans le quartier prometteur de Jalan Besar.

BEAT. Capsules (www.beathostel.co). D'élégantes capsules directement face au fleuve.

Kam Leng Hotel (www.kamleng.com). Hôtel rétro dans le secteur de Jalan Besar.

Catégorie moyenne

Lloyd's Inn (www.lloydsinn.com). Un boutique-hôtel minimaliste, proche à pied d'Orchard Rd.

Holiday Inn Express Orchard Road (www.hiexpress.com). Nouvelle adresse offrant un bon rapport qualité/prix, à une rue d'Orchard Rd.

Hotel Indigo (www.hotelindigo.com). Hôtel d'inspiration peranakan, avec une multitude d'objets rétro, à quelques pas de la rue patrimoniale Joo Chiat Rd.

Great Madras (www.thegreatmadras.com). Joyau Art déco pastel en plein milieu de Little India.

Catégorie supérieure

Fullerton Bay Hotel (www.fullertonhotels.com). Élégant et lumineux, cet établissement de luxe domine Marina Bay.

PARKROYAL on Pickering (www.parkroyalhotels.com). Incroyable prouesse architecturale, avec jardins suspendus et piscine à débordement.

Capella Singapore (www.capellahotels.com). Superbes piscines, jardins luxuriants et intérieur élégant, à Sentosa.

Warehouse (www.thewarehousehotel.com). Intérieur mi-chic mi-industriel et sublime piscine à débordement au bord du fleuve.

Arriver à Singapour

Voie aérienne

L'aéroport de Changi (☎6595 6868 ; www.changiairport.com ; Airport Blvd ; 📶 ; Ⓜ Changi Airport), 20 km au nord-est du quartier des affaires (Central Business District ou CBD) de Singapour, possède 4 terminaux et bientôt 5. Cette passerelle internationale majeure, souvent élue meilleur aéroport au monde, propose des vols fréquents pour les quatre coins du globe. Accès internet gratuit, téléphones de courtoisie pour les appels locaux, bureaux de change, centres médicaux, consignes, hôtels, spa, douches, gymnase, piscine et nombreuses boutiques.

Longtemps attendu, le Jewel Changi Airport, reliant entre eux les 4 terminaux de l'aéroport de Changi, a enfin ouvert ses portes. Ce complexe sur 10 niveaux compte plusieurs attractions passionnantes, dont un parc sous verrière avec forêt et cascade tourbillonnante, mais aussi de nombreuses boutiques et restaurants, ainsi qu'un hôtel.

Quelques transports au départ de l'aéroport de Changi :

- **MRT** Les rames de métro rallient le centre-ville de 5h30 à 23h18 (bus publics 6h-0h). Billets de métro (et de bus) à partir de 1,69 $S.
- Le bus navette de l'aéroport (adulte/enfant 9/6 $S) permet de se rendre en ville 24h/24.
- Pour rallier le centre-ville en taxi,

Voyages et changements climatiques

Tous les moyens de transport fonctionnant à l'énergie fossile génèrent du CO_2 – la principale cause du changement climatique induit par l'homme. L'industrie du voyage est aujourd'hui dépendante des avions. Si ceux-ci ne consomment pas nécessairement plus de carburant par kilomètre et par personne que la plupart des voitures, ils parcourent en revanche des distances bien plus grandes et relâchent quantité de particules et de gaz à effet de serre dans les couches supérieures de l'atmosphère. De nombreux sites Internet utilisent des "compteurs de carbone" permettant aux voyageurs de compenser le niveau des gaz à effet de serre dont ils sont responsables par une contribution financière à des projets respectueux de l'environnement. Lonely Planet "compense" les émissions de tout son personnel et de ses auteurs.

comptez de 20 à 40 $S ; le tarif grimpe de 50% entre minuit et 6h, sans compter les suppléments d'aéroport.

- Un taxi-limousine à 4 places pour Singapour coûte 55 $S, avec 15 $S de supplément pour chaque arrêt.

Depuis la France

Lors de nos recherches, un vol Paris-Singapour aller-retour avec escale (durée moyenne 20 heures) coûtait en moyenne 635 €, et un vol aller-retour direct environ 1 000 €. Vous obtiendrez le meilleur tarif en vous y prenant tôt, et pourrez espérer 14-16 heures de trajet avec une escale pour un tarif de moins de 500 €.

Air France (☎36 54 ; www.airfrance.fr) propose une dizaine de vols directs Paris-Singapour (12 heures 55) par semaine. Les vols A/R les moins chers avec une escale à Amsterdam (en partenariat avec KLM) débutent à 402 €.

Singapore Airlines (☎0 821 230 380, 0,12 €/min depuis un poste fixe ; www.singaporeair.com/fr) propose un vol direct quotidien au départ de l'aéroport Charles-de-Gaulle. Les billets aller-retour débutent autour de 700 € ou 1 200 € selon la saison (12 heures 50 de vol).

Depuis la Belgique

Il n'existe pas de vol direct pour Singapour depuis Bruxelles. Les compagnies aériennes proposent des vols avec une escale à partir de 500 € ou de 900 €, selon la saison.

Depuis la Suisse

Singapore Airlines (☎0900 88 18 18 0,50 CHF/min depuis une ligne fixe ; www.singaporeair.com/ch) propose, en partenariat avec **Swiss International Air Lines** (www.swiss.com/CH/fr), un vol quotidien de Zurich à Singapour, avec des prix débutant autour de 500 CHF aller-retour au moment de nos recherches. Au départ des autres aéroports suisses, les meilleurs trajets comprennent une ou deux escales et débutent autour de 575 CHF.

Depuis le Canada

Il n'existe pas de vol direct entre le Canada et Singapour, mais les vols avec une escale sont nombreux au départ de Vancouver, à partir de 750 $C ou 1 500 $C selon la saison. Il faut compter au minimum 800 $C pour un vol au départ de Montréal ou d'Ottawa, souvent avec deux escales.

Voie terrestre

Bus

Plusieurs compagnies privées proposent de confortables liaisons vers Singapour depuis diverses destinations en Malaisie, dont Malacca et Kuala Lumpur, mais aussi depuis Hat Yai, en Thaïlande. Nombre de ces bus ont leur terminus au **Golden Mile Complex Bus Terminal** (5001 Beach Rd ; M Nicoll Hwy, Lavendar, Bugis), près de Kampong Glam. Réservez en ligne sur www.busonlineticket.com.

Depuis Johor Bahru, en Malaisie, les bus de **Causeway Link Express** (www.causewaylink.com.my) assurent la liaison avec divers lieux à Singapour (aller 3,50 $S/3,40 RM, toutes les 15 à 30 min, 6h-23h30 environ), notamment Newton Circus, la gare routière de Jurong East et la station de MRT Kranji.

Train

La compagnie malaisienne Keretapi Tanah Melayu Berhad (www.ktmb.com.my) propose des liaisons entre Kuala Lumpur et la gare JB Sentral de Johor Bahru (avec un changement de train à Gemas). De là, un train navette franchit le détroit et s'arrête au **Woodlands Train Checkpoint** (11 Woodlands Crossing ; bus 170, Causeway Link Express depuis le terminal de Queen St), à Singapour. Les billets pour la navette (5 $S) sont disponibles au guichet. Des trains en partent pour Kuala Lumpur, avec des correspondances vers la Thaïlande. Réservations possibles aux gares Woodlands et JB Sentral, ou en ligne sur www.easybook.com.

Voie maritime

Plusieurs terminaux de ferry de Singapour proposent des liaisons en provenance de Malaisie et d'Indonésie.

Changi Point Ferry Terminal (terminal des ferries de Changi Point ; ☎ 6545 2305 ; 51 Lorong Bekukong ; 24h/24 ; bus 2)

HarbourFront Cruise & Ferry Terminal (terminal des ferries et des croisières HarbourFront ; ☎ 6513 2200 ; www.singaporecruise.com.sg ; 1 Maritime Sq ; wifi ; M HarbourFront)

Tanah Merah Ferry Terminal (terminal des ferries de Tanah Merah ; ☎ 6513 2200 ; www.singaporecruise.com.sg ; 50 Tanah Merah Ferry Rd ; 🚌 35)

Comment circuler

Mass Rapid Transit (MRT)

Le métro est le moyen le plus simple, le plus rapide et le plus confortable de circuler à Singapour. Les rames circulent de 5h30 à minuit, toutes les deux à trois minutes en période de pointe, et toutes les cinq à sept minutes le reste du temps.

Le système comporte cinq lignes dotées d'un code couleur : la Nord-Sud ("North-South", ligne rouge), la Nord-Est (North-East, ligne violette), la Est-Ouest (East-West, ligne verte), la Circulaire ("Circle Line", ligne orange) et la Centre-Ville ("Downtown", ligne bleue). Une 6e ligne, la Thomson-côte est (Thomson-East Coast, ligne marron) ouvrira en 5 phases, dont la première est prévue pour 2019.

Le billet coûte de 1,50 à 2,60 $S. Si vous prévoyez d'utiliser beaucoup le métro, la carte EZ-link (www.ezlink.com.sg) peut s'avérer utile. Sinon, le **Singapore Tourist Pass** (www.thesingaporetouristpass.com.sg) permet de voyager sans limites en train et en bus (10 $S plus 10 $S de caution remboursable) pour une journée.

Bus

Propre, efficace et régulier, le réseau de bus de Singapour dessert les quatre coins de l'île. **SBS Transit** (☎ 1800 225 5663 ; www.sbstransit.com.sg) et **SMRT** (☎ 1800 336 8900 ; www.smrt.com.sg) sont les deux compagnies principales. Toutes deux offrent des services similaires.

Les tickets coûtent de 1,50 à 2,60 $S (moins avec une carte EZ-link). Une fois à bord, déposez la somme exacte dans la machine (pas de monnaie) ; sinon, passez votre carte EZ-link ou le Singapore Tourist Pass sur le lecteur en montant, puis en descendant.

Les bus de nuit de SMRT circulent entre la ville et différentes banlieues de 23h30 à 2h les vendredis, samedis et veilles de jours fériés. Le trajet coûte 4,50 $S. Détail des itinéraires sur le site Web.

Taxi

On peut héler un taxi n'importe où. Toutefois, dans le centre-ville, les véhicules ne peuvent théoriquement s'arrêter qu'aux stations prévues à cet effet.

À certains moments (heures d'affluence, la nuit, par temps de pluie), il peut s'avérer difficile de trouver un taxi. Les changements de conducteur s'opèrent souvent entre 16h et 17h, ce qui complique notoirement les choses pour les passagers.

Le système tarifaire est complexe mais – bonne nouvelle – n'occasionne aucun marchandage grâce à la fiabilité des compteurs. La prise en charge oscille entre 3 et 3,40 $S, auxquels il faut ajouter 0,22 $S tous les 400 m.

À noter les nombreux suppléments : 50% du prix de la course entre minuit et 6h ; 25% entre 6h et 9h30 du lundi au vendredi et entre 18h et minuit tous les jours ; 5 $S de 17h à minuit du vendredi au dimanche et 3 $S le reste du temps depuis/vers l'aéroport ; 3 $S également pour le secteur de la ville ; de 2,30 à 8 $S pour les réservations par téléphone selon l'heure et le jour ; 10% pour les paiements par carte bancaire. Le pourboire n'est généralement pas attendu, mais il est courtois d'arrondir le montant ou de dire au chauffeur de garder la monnaie.

Vous pouvez aussi régler avec votre carte de transport EZ-link. Pour la liste complète des tarifs et suppléments, consultez www.taxisingapore.com.

Comfort Taxi & CityCab
(☎ 6552 1111 ; www.cdgtaxi.com.sg)

Premier Taxis
(☎ 6214 8880 ; www.premiertaxi.com.sg)

SMRT Taxis
(☎ 6555 8888 ; www.smrt.com.sg)

Infos pratiques

Argent

DAB et bureaux de change largement répandus. Les cartes bancaires sont acceptées dans la plupart des magasins et restaurants.

Devise

- L'unité monétaire de Singapour est le dollar singapourien ($S), connu localement sous le nom de "sing dollar" et divisé en 100 cents.
- Vous trouvez des pièces de 5 ¢, 10 ¢, 20 ¢, 50 ¢ et 1 $S, ainsi que des billets de 2 $S, 5 $S, 10 $S, 50 $S, 100 $S, 500 $S et 1 000 $S.

Cartes bancaires

Les cartes bancaires sont largement acceptées, sauf dans les *hawker centres* et *food courts* locaux.

Cartes de réduction

Un voyage avec Singapore Airlines ou SilkAir ouvre des réductions pour certains magasins, restaurants et sites d'intérêt sur présentation de la carte d'embarquement. Pour plus d'informations, voir www.singaporeair.com/fr_FR/fr/plan-travel/privileges.

Électricité

Type G
230V/50Hz

Formalités et visas

Les ressortissants français, belges, suisses et canadiens n'ont pas besoin de visa pour se rendre à Singapour, mais reçoivent une autorisation de séjour de 90 jours à leur arrivée sur le territoire. Les citoyens d'Inde, de Chine, du Commonwealth et de la plupart des pays du Moyen-Orient devront se procurer un visa avant leur arrivée. Les demandes de prorogation se font auprès du site de l'**Immigration & Checkpoints Authority** (☎6391 6100 ; www.ica.gov.sg ; ICA Bldg, 4e niv, 10 Kallang Road ; ⏰8h-17h00 lun-ven, 8h-13h sam ; Ⓜ Lavender).

Handicapés

Une longue et importante campagne du gouvernement a permis l'installation progressive de rampes, d'ascenseurs et diverses infrastructures sur l'île. Les trottoirs de la ville sont généralement très praticables, les stations du MRT sont toutes équipées d'ascenseurs, et plus de la moitié des bus de la ville sont accessibles en fauteuil roulant. Si vous pourrez parfois héler des taxis adaptés aux voyageurs en chaise roulante, **SGMAXI.cab** (☎6100 0377 ; www.sgmaxi.cab) permet de réserver de grands taxis spécialisés, pour circuler depuis/vers l'aéroport où dans Singapour.

- La **Disabled People's Association of Singapore** (Association des personnes handicapées de Singapour ; www.dpa.org.sg) fournit des informations sur l'accessibilité en ville (en anglais).
- Téléchargez gratuitement le guide du Lonely Planet pour les voyageurs à mobilité réduite *Accessible Travel Online Resources* (en anglais).
- L'**APF France Handicap** (☎01 40 78 69 00 ; www.apf-francehandicap.org ;

Conseils aux voyageurs

La plupart des gouvernements possèdent des sites Internet qui recensent les dangers possibles et les villes à éviter. Consultez notamment les sites suivants :

- **Ministère des Affaires étrangères de Belgique** (diplomatie.belgium.be/fr)
- **Ministère des Affaires étrangères du Canada** (www.voyage.gc.ca)
- **Ministère français des Affaires étrangères** (www.diplomatie.gouv.fr)
- **Département fédéral des Affaires étrangères suisse** (www.eda.admin.ch/eda/fr/dfae.html)

Un fil d'Ariane en voyage

Vous êtes ressortissant français ? Pensez à vous enregistrer sur le **portail Ariane** (pastel.diplomatie.gouv.fr/fildariane) du ministère des Affaires étrangères. Ce service gratuit vous permet de recevoir des alertes si la situation le justifie. Crise politique, catastrophe naturelle, attentat… recevez en temps réel des consignes de sécurité lors de votre voyage.

Il existe une application pour les smartphones et les tablettes, intitulée *Conseils aux voyageurs*.

17 bd Auguste-Blanqui, 75013 Paris) peut fournir des informations utiles sur les voyages accessibles. **Yanous** (www.yanous.com), **Hizy** (hizy.org), **Handicap.fr** (www.handicap.fr) et **Tourisme et handicaps** (www.tourisme-handicaps.org) constituent également de bonnes sources d'information.

- Désormais, les principales plateformes d'hébergement que sont **Abritel** (www.abritel.fr), **Airbnb** (www.airbnb.fr), **Booking** (www.booking.com) et **Hotels.com** (https://fr.hotels.com) ont intégré des critères d'accessibilité à leur moteur de recherche. Les agences de voyages **Yoola** (www.yoola-voyage.com) et **Comptoir des Voyages** (www.comptoirdesvoyages.fr) organisent des voyages adaptés aux personnes à mobilité réduite.

Heures d'ouverture

Banques 9h30-16h30 du lundi au vendredi (parfois jusqu'à 18h ou plus tard) ; 9h30-12h ou plus tard le samedi.

Restaurants généralement 12h-14h30 et 18h-23h. Les restaurants moins formels et les *food courts* sont ouverts toute la journée.

Magasins 10h ou 11h-18h. Les grands magasins et les centres commerciaux ferment généralement à 21h30 ou 22h. Certains petits magasins de Chinatown et d'Arab St sont fermés le dimanche.

Homosexualité

À Singapour, le code pénal considère l'homosexualité masculine comme un délit grave, avec peine d'emprisonnement. Les Singapouriens ne sont pas très ouverts aux démonstrations d'affection en public.

Malgré cela, Singapour possède quelques bars LGBT+ fréquentés. Les sites Web **Travel Gay Asia** (www.travelgayasia.com), **PLUguide** (www.pluguide.com) et **Utopia** (www.utopia-asia.com) recensent les établissements et les événements LGBT+.

Jours fériés

Le Nouvel An chinois est le seul jour férié à avoir un véritable impact sur la ville : quasiment tous les magasins ferment durant 2 jours.

Jour de l'An 1er janvier

Nouvel An chinois 2 jours en janvier/février

Vendredi saint mars/avril

Douane

- Vous n'êtes pas autorisé à importer du tabac à Singapour, à moins de payer une taxe. Vous risquez une amende sévère si vous omettez de déclarer vos cigarettes et de payer la taxe prévue à cet effet.
- On peut importer une quantité maximale de 1 litre de vin, de bière et d'alcool sans avoir à payer une taxe. L'autorisation peut s'étendre à 2 litres de vin et 1 litre de bière, ou à 2 litres de bière et 1 litre de vin, moyennant le paiement d'une taxe. Il faut avoir passé plus de 48 heures hors de Singapour (n'importe où sauf en Malaisie).
- L'importation des articles suivants est illégale : chewing-gums, pétards, publications obscènes ou séditieuses, briquets en forme d'arme à feu, espèces animales menacées ou sous-produits de celles-ci et publications ou enregistrements piratés.

Fête du Travail 1er mai

Anniversaire de Bouddha (ou Vesak) mai

Hari Raya Puasa juin

Fête nationale 9 août

Hari Raya Haji août

Diwali (ou Deepavali) octobre

Noël 25 décembre

Office du tourisme

Singapore Visitors Centre @ Orchard (plan p. 108, F5 ; ☎1800 736 2000 ; www.visitsingapore.com ; 216 Orchard Rd ; ⏲8h30-21h30 ; 📶 ; Ⓜ Somerset) compte un personnel nombreux et qualifié qui vous aidera à organiser des visites, à acheter des billets et à réserver des hôtels.

Taxes et remboursements

Lors du départ, les voyageurs peuvent récupérer la GST (la TVA locale, à 7%) sur leurs achats, à condition :

- d'avoir présenté un passeport étranger et d'avoir dépensé au moins 100 $S le même jour dans le même commerce et de ne pas avoir acheté plus de 3 articles ;
- que le magasin vous ait remis un ticket eTRS (Electronic Tourist Refund Scheme). À défaut, vous pouvez utiliser votre carte bancaire comme preuve de vos achats ;
- et que vous ayez scanné le ticket eTRS dans un des kiosques en libre service à l'aéroport. Si un contrôle des marchandises est requis, vous devrez présenter vos achats, le ticket de caisse original et votre carte d'embarquement aux services de la douane (Custom Inspection Counter).

Urgences

Indicatif pays	☎65
Ambulance et pompiers	☎995
Police	☎999

Langues

Les langues officielles de Singapour sont le malais, le mandarin, le tamoul et l'anglais. Langue nationale, le malais fut adopté quand Singapour faisait partie de la Malaisie, mais son utilisation se limite à la communauté malaise.

Première langue officielle à l'école depuis 1987, l'anglais est très répandu. Presque tout le monde parle un dialecte d'anglais local, le singlish, difficile à comprendre. Toutefois, vous vous débrouillerez sans problème avec l'anglais classique.

Grâce à une campagne de promotion initiée par le gouvernement, un nombre croissant de Chinois de Singapour parlent aujourd'hui le mandarin chez eux. Outre les caractères mandarins, ce chapitre fournit le pinyin (translittération officielle en alphabet latin).

Le tamoul est la principale langue indienne de la cité-État, mais on y parle aussi malayâlam et hindi. En prononçant les phrases en tamoul comme indiqué, vous vous ferez comprendre. Les syllabes accentuées sont en italique.

Indispensable : le **guide de conversation français/anglais** et le **guide de conversation français/mandarin** Lonely Planet. Vous y trouverez le vocabulaire essentiel pour communiquer en toutes circonstances.

Malais

Bonjour. Helo.

Au revoir.

quand on part Selamat tinggal.

quand on reste Selamat jalan.

Comment allez-vous ?
Apa khabar?

Bien, merci. Khabar baik.

S'il vous plaît.

(pour une demande/ offre) Tolong./ Silakan.

Merci. Terima kasih.

Excusez-moi. Maaf.

Pardon. Minta maaf.

Oui./Non. Ya./Tidak.

Comment vous appelez-vous ?
Siapa nama kamu ?

Je m'appelle... Nama saya...

Parlez-vous anglais ?
Bolehkah anda berbicara Bahasa Inggeris?

Je ne comprends pas.
Saya tidak faham.

Combien ça coûte ?
Berapa harganya?

Puis-je voir la carte ?
Minta senarai makanan?

L'addition, s'il vous plaît.
Tolong bawa bil.

Où sont les toilettes ?
Tandas di mana?

Au secours ! Tolong!

Mandarin

Bonjour./Au revoir.
你好。/ 再见。 *Nǐ-rǎo./ Dzàil-dzienne.*
好。你呢？ *Hǎo. Nǐ ne?*

Comment allez-vous ?
你好吗 ？ *Nǐ-rǎo ma?*

Bien, et vous ?
好。你呢 ？ *Rǎo. Nǐ ne?*

S'il vous plaît ...
请…… *Tsǐng ...*

Merci.
谢谢你。 *Siè-sie ne.*

Excusez-moi. (pour interpeller)
劳驾。 *Láo-dzià.*

Excusez-moi. (pour passer)
借光。 *Dsiè-gwāng.*

Pardon.
对不起。 *Dsiè-bòu-tsǐ.*

Oui./Non.
是。/不是。 *Shèu./Bóu-shèu.*

Comment vous appelez-vous ?
你叫什么名字 ？ *Nǐ dziào shéun-me míng-dzeu ?*

Je m'appelle...
我叫…… *Wǒ dziào...*

Parlez-vous anglais ?
你会说英文吗 ？ *Nǐ rwè-shouō Yīng-wén ma?*

Je ne comprends pas.
我不明白。 *Wǒ bòu míng-báil.*

Combien ça coûte ?
多少钱 ？ *Douō-shǎo tsiénne?*

Puis-je voir la carte ?
能不能给我看一下菜单? *Néng bòu néng gěi-wǒ kàn-gy-īsià cài-dān?*

L'addition, s'il vous plaît.
请给我账单。 *Tsǐng gěi-wǒ djàng-dāne.*

Où sont les toilettes ?
厕所在哪儿 ？ *Tsè-souǒ dzài nǎr?*

Au secours !
救命 ！ *Dzioù-mìng !*

Tamoul

Bonjour.
வணக்கம். *va·nak·kam*

Au revoir.
போய் வருகிறேன். *po·i va·ru·ki·reyn*

Comment allez-vous ?
நீங்கள் நலமா? *neeng·kal na·la·maa*

Bien, merci. Et vous ?
நலம், நன்றி. நீங்கள்? *na·lam nan·dri neeng·kal*

S'il vous plaît.
தயவு செய்து. *ta·ya·vu chey·tu*

Merci.
நன்றி. *nan·dri*

Excusez-moi.
தயவு செய்து. *ta·ya·vu sei·du*

Pardon.
மன்னிக்கவும். *man·nik·ka·vum*

Oui./Non.
ஆமாம்./இல்லை. *aa·maam/il·lai*

Comment vous appelez-vous ?

உங்கள் பெயர் என்ன? *ung·kal pe·yar en·na*

Je m'appelle...

என் பெயர் ... *en pe·yar ...*

Parlez-vous anglais ?

நீங்கள் ஆங்கிலம் பேசுவீர்களா? *neeng·kal aang·ki·lam pey·chu·veer·ka·la*

Je ne comprends pas.

எனக்கு விளங்கவில்லை. *e·nak·ku vi·lang·ka·vil·lai*

Combien ça coûte ?

இது என்ன விலை? *i·tu en·na vi·lai*

Je souhaiterais avoir l'addition/voir la carte, s'il vous plaît.

எனக்கு தயவு செய்து விலைச்சீட்டு/உணவுப்பட்டியல் கொடுங்கள். *e·nak·ku ta·ya·vu chey·tu vi·laich·cheet·tu/u·na·vup·pat·ti·yal ko·tung·kal*

Où sont les toilettes ?

கழிவறைகள் எங்கே? *ka·zi·va·rai·kal eng·key*

Au secours !

உதவ! *u·ta·vi*

En coulisses

Vos réactions ?

Vos commentaires nous sont très précieux pour améliorer nos guides. Notre équipe lit vos lettres avec la plus grande attention et prend en compte vos remarques pour les prochaines mises à jour. Pour nous faire part de vos réactions, prendre connaissance de notre catalogue et vous abonner à notre newsletter, consultez notre site Internet : **www.lonelyplanet.fr**

Nous reprenons parfois des extraits de notre courrier pour les publier dans nos guides ou sites web. Si vous ne souhaitez pas que vos commentaires soient repris ou que votre nom apparaisse, merci de nous le préciser. Notre politique en matière de confidentialité est disponible sur notre site Internet.

Un mot de Ria

Merci à mon éditrice Tanya Parker pour l'aide et les conseils prodigués tout au long de mon aventure Lonely Planet, ainsi qu'à tous ceux que j'ai rencontrés sur la route et qui ont eu la gentillesse de partager avec moi leur temps, leurs connaissances et les secrets de Singapour. À Craig, Cisca et William, ma troupe de cirque ambulante.

Remerciements

Photo de couverture : Shophouses de style colonial, Chinatown, Singapour. Ronnie Chua/Shutterstock ©

Photos p. 30-31 (dans le sens des aiguilles d'une montre en partant de la gauche) : siraphat/Shutterstock ©, Komar/Shutterstock ©, tapanuth/Shutterstock ©, Peter Adams/Getty Images ©, leungchopan/Getty Images©

À propos de cet ouvrage

Cette 6e édition du guide *Singapour en quelques jours* est une traduction-adaptation de la 7e édition de *Pocket Singapore*, mise à jour par Ria de Jong. Les deux précédentes éditions ont été écrites par Ria et Cristian Bonetto.

Traduction Kevin Thevenet

Direction éditoriale Didier Férat

Responsable prépresse Jean-Noël Doan

Coordination éditoriale Vahagn Terzian

Maquette Gudrun Fricke

Cartographie Cartes originales adaptées en français par Caroline Sahanouk

Couverture Laure Wilmot

Merci à Alena Sopina et à Antoine Duval, ainsi qu'à Jacqueline Menanteau pour sa relecture attentive du texte. Merci à Dominique Spaety ainsi qu'à toute l'équipe du bureau de Paris.

Index

Voir aussi les index :

Se restaurer p. 193
Prendre un verre p. 195
Sortir p. 195
Shopping p. 195

Références des sites
Références des **cartes**

Références des sites
Références des **cartes**

Index

Références des sites
Références des **cartes**

Prendre un verre

Sortir

Shopping

Références des sites
Références des **cartes**

Notes

Notre auteure

Ria de Jong

Ria est née en Asie, au Sri Lanka, d'un couple néerlando-australien. Elle adore la frénésie de ce continent tout en contrastes. Après une enfance passée à Townsville, en Australie, Ria a déménagé à Sydney pour y exercer le journalisme, avant de partir cinq ans aux Philippines. Installée à Singapour avec son mari et ses deux enfants depuis 2015, Ria n'aime rien tant que découvrir le moindre recoin de la petite cité-État. Elle signe sa troisième actualisation du guide *Singapour en quelques jours*. Suivez Ria sur Twitter : @ria_in_transit

Singapour en quelques jours
6e édition
Traduit et adapté de l'ouvrage *Pocket Singapore, 7th edition*

92 avenue de France - 75013 Paris

Dépôt légal Novembre 2021
ISBN 978-2-81619-299-5
Imprimé par ESTIMPRIM, Baume-les-Dames, France
Réimpression 02, Décembre 2022

En Voyage Éditions | un département édi8